Le bilan anti-ouvrier des Clinton

AUSSI DE JACK BARNES

LIVRES ET BROCHURES

Sont-ils riches parce qu'ils sont intelligents ? Classe, privilège et apprentissage sous le capitalisme (2016)

Malcolm X, la libération des Noirs et la voie vers le pouvoir ouvrier (2010)

Cuba et la révolution américaine à venir (2007)

Le visage changeant de la politique aux États-Unis (2004)

Leur Trotsky et le nôtre (2002)

La classe ouvrière et la transformation de l'éducation (2000)

Le désordre mondial du capitalisme (2000)

Malcolm X parle aux jeunes (2011)

DES PAGES DE « NOUVELLE INTERNATIONALE »

Le long hiver chaud du capitalisme a commencé (2005)

Notre politique commence avec le monde (2005)

L'impérialisme U.S. a perdu la guerre froide (1999)

Les premières salves de la troisième guerre mondiale (1991)

En anglais et en espagnol

La politique de l'économie : Che Guevara et la continuité marxiste (1991)

En anglais

La lutte pour un gouvernement des travailleurs et des agriculteurs aux États-Unis (1985)

RECUEILS ET INTRODUCTIONS

Rébellion Teamster/Dobbs (2010)

L'histoire du Trotskysme américain/Cannon (2002)

En anglais

La grève contre la compagnie aérienne Eastern/E. Mailhot (1991)

Le FBI en procès (1988)

Le bilan anti-ouvrier des Clinton

POURQUOI WASHINGTON CRAINT LES TRAVAILLEURS

JACK BARNES

PATHFINDER

NEW YORK LONDRES MONTRÉAL SYDNEY

RÉDACTION : Steve Clark

Rédaction de la traduction en français : Michel Prairie

ISBN 978-1-60488-099-1
Numéro de contrôle de la Bibliothèque du Congrès / Library of Congress Control Number 2017951008

Imprimé aux États-Unis / Printed in the United States of America

CONCEPTION GRAPHIQUE DE LA COUVERTURE : Eva Braiman

PHOTOS DE LA COUVERTURE : *À gauche.* Le 22 août 1996, le président William Clinton signe la loi mettant en oeuvre son engagement brutal de « mettre fin à l'aide sociale telle que nous la connaissons. » Aussi présentes, d'anciennes récipiendaires de l'Aide aux familles avec des enfants à charge (AFDC) : Penelope Howard (à droite) ; Janet Errel (à l'arrière) ; et Lillie Harden (à gauche), qui a présenté Clinton lors de la cérémonie.

En 2002, après avoir subi un accident cérébral, Lillie Harden s'est vu refuser Medicaid, qu'elle touchait lorsqu'elle percevait les allocations de l'AFDC, ce qui l'a rendue incapable de payer une prescription médicale de 450 $ US par mois. Lorsqu'un journaliste lui a demandé en 2005 ce qu'elle pensait de l'engagement de Clinton d'offrir « du travail en échange de l'aide sociale, » elle a dit que dans son cas, ça « n'avait finalement pas marché. » Harden est morte en 2014, à l'âge de 59 ans. (J. Scott Applewhite/AP)

À droite. Le 1er mai 2011, le président Barak Obama, Hillary Clinton et d'autres hauts fonctionnaires de l'administration et officiers du Pentagone dans la salle de guerre de la Maison-Blanche. Ils regardent un vidéo transmis par un drone survolant la maison où les Forces spéciales US mènent l'attaque pendant laquelle elles ont assassiné Oussama Ben Laden. Ce dernier vivait avec sa famille à Abbottabad, au Pakistan. (Bureau de la presse de la Maison-Blanche)

DESSIN DE LA PAGE 17 : Reproduit avec l'autorisation de *Grant's Interest Rate Observer*, copyright 2016.

PATHFINDER
www.pathfinderpress.com
Courrier électronique : pathfinder@pathfinderpress.com

À

TOM FISKE
(1943-2015)

et

FRANK FORRESTAL
(1954-2015)

Dirigeants à vie
du mouvement communiste

Pour qui classe et politique
formaient une unité

TABLE DES MATIÈRES

Encadrés, photos et illustrations

L'AUTEUR

JACK BARNES est le secrétaire national du Parti socialiste des travailleurs (SWP) aux États-Unis. Il en est membre du Comité national et un officier national depuis 1969. Il est un contributeur à la rédaction de la revue *Nouvelle Internationale*.

Barnes a adhéré à l'Alliance des jeunes socialistes (YSA) en décembre 1960, après être allé à Cuba en juillet et août de la même année. À son retour, il a aidé à organiser à l'université Carleton du Minnesota un des chapitres étudiants les plus grands et actifs du comité Fair Play for Cuba [Fair-play pour Cuba]. En mai 1961, il a adhéré au Parti socialiste des travailleurs.

Barnes a été un dirigeant central de la campagne finalement victorieuse de quatre ans pour défendre trois membres de l'Alliance des jeunes socialistes à Bloomington, en Indiana, accusés en mai 1963 de « s'assembler » dans le but de promouvoir le renversement de l'État d'Indiana par la force et la violence. Il était à ce moment l'organisateur de la branche de Chicago du SWP et l'organisateur de la YSA dans le Midwest.

En 1965, Jack Barnes a été élu président national de la YSA et est devenu directeur du travail du SWP et de la

YSA pour faire avancer le mouvement grandissant contre la guerre du Viêt-nam. En janvier de la même année, il a rencontré Malcolm X à deux reprises pour une entrevue publiée dans la revue *Young Socialist.*

Depuis le milieu des années 1970, Jack Barnes a dirigé les efforts du Parti socialiste des travailleurs et oeuvré avec d'autres dans le monde pour construire des partis communistes dont la vaste majorité des membres et dirigeants sont des travailleurs industriels et des syndicalistes activement impliqués dans des activités de propagande communiste et de travail politique au sein de la classe ouvrière.

Des articles et recueils de présentations et d'écrits de Barnes documentent ce cours visant à forger des partis qui défendent une perspective révolutionnaire vers le pouvoir ouvrier et la lutte pour le socialisme à travers le monde. On en trouvera une liste partielle au début de ce livre.

Introduction

« DÉPLORABLES. » « IRRÉCUPÉRABLES. » Voilà les mots méprisants utilisés par Hillary Clinton à propos des millions de travailleurs aux États-Unis qui vivent et essaient de travailler au milieu du déclin accablant du capitalisme.

Ce livre porte sur ces millions de travailleurs et d'autres comme nous à travers le monde. Il explique pourquoi nous sommes aujourd'hui au centre de la politique et le serons encore davantage au cours des mois et des années qui suivront l'investiture de la nouvelle administration US le 20 janvier 2017.

Ces attitudes profondément ancrées d'Hillary Clinton, qui lui ont échappé dans un rare moment non chorégraphié au cours d'un événement de levée de fonds auprès de riches partisans à Manhattan, ont mis à nu ce que des millions de travailleurs savent déjà trop bien. Nous, les travailleurs et nos familles, vivons depuis plus de deux décennies les conséquences du séjour des Clinton à la Maison-Blanche, de 1993 à 2001, quand ils ont fait de leur offensive brutale pour mettre un terme à « l'aide sociale telle que nous la connaissons » leur marque de commerce. Et quand ils ont fait adopter des lois comme celle appelée de manière sinistre « Loi contre le terrorisme et pour une peine de mort efficace, » qui a eu un impact dévastateur sur les familles ouvrières, en particulier celles qui sont américaines africaines.

Le bilan anti-ouvrier des Clinton : Pourquoi Washington craint les travailleurs de Jack Barnes, le secrétaire national du Parti socialiste des travailleurs (SWP), regroupe dans un même livre ces chapitres et d'autres qui ont marqué les vingt-cinq dernières années du cours des Clinton et des autres serviteurs politiques des dirigeants capitalistes US, un cours visant à maximiser les profits.

Barnes décrit le coût humain payé par les travailleurs aux États-Unis, ce qui comprend les coups portés au maigre « filet de sécurité sociale » conquis au cours de décennies de durs combats par la classe ouvrière US. Il explique ce qu'un nombre croissant de travailleurs sentent déjà nous arriver, peu importe avec quelle véhémence les riches et les puissants le nient. Nous vivons une contraction économique et une crise financière qui se développent à petit feu : une crise capitaliste mondiale qu'aucun d'entre nous n'a jamais vue avant.

Et ce sont les travailleurs du monde entier qui subissent les conséquences de cette calamité sociale croissante.

Comme en témoignent les paroles de Clinton, pour la première fois depuis des décennies, les dirigeants US et leur gouvernement ont commencé à *craindre* la classe ouvrière. Non pas parce qu'il y a déjà des luttes ouvrières de masse comme celles qui ont forgé les syndicats industriels dans les années 1930 ou comme les batailles pour les droits des Noirs, enracinées dans le prolétariat, qui ont vaincu la ségrégation et la terreur du système de Jim Crow dans les années 1950 et 1960. Il n'y a pas encore une grande politisation ouvrière aux États-Unis.

Ils nous craignent parce qu'ils se rendent compte que de plus en plus de travailleurs commencent à voir que les patrons et leurs partis politiques n'ont aucune « solution » qui n'accroit pas le coût monétaire et humain que la crise de *leur* système *nous* impose. Depuis le krach financier et la contraction économique de 2008-2009, de plus en plus de travailleurs et d'agriculteurs se sont impliqués avec colère dans une discussion de grande ampleur sur cette réalité capitaliste. Les capitalistes de la finance et les professionnels bien payés qui sont à leur service sentent que ce qui vient, bien que personne ne puisse en prévoir le moment, c'est une lutte croissante — *une lutte de classe.*

Ni Washington ni Wall Street n'ont de cours politique capable de limiter les ramifications internationales explosives des contradictions financières et bancaires du capitalisme. Non plus qu'aucun de leurs alliés et concurrents capitalistes, de Londres à Berlin et Tokyo.

Aucun d'entre eux ne poursuit une politique capable de renverser l'effondrement de la production, du commerce et de l'embauche capitalistes qui ravage la vie et le gagne-pain des travailleurs, des agriculteurs et de nos familles. Aucun ne peut renverser la contraction en cours du nombre de travailleurs actifs, l'augmentation de l'âge auquel les jeunes commencent une vie productive indépendante ni le ralentissement qui marque l'établissement de nouvelles familles capables de maintenir un toit au-dessus de leurs têtes et de la nourriture sur leur table.

Pourquoi ? *Parce qu'une telle politique n'existe pas.* Ce qui arrive dans le monde aujourd'hui n'est pas le résultat de politiques « erronées » de la part de la Maison-Blanche, du Congrès, de la Réserve fédérale ou de la Cour suprême, toujours plus lamentablement politisée et prétentieuse. C'est le résultat du fonctionnement même du capitalisme.

Et c'est là qu'il nous faut concentrer notre tir, pas contre les boucs émissaires pointés du doigt par des démagogues réactionnaires pour détourner nos énergies.

La réduction des taux d'intérêt à un niveau proche de zéro (ou en dessous). L'achat d'énormes quantités de titres d'État (et puis d'obligations et d'actions privées). De nouvelles « règlementations » visant à encadrer les banques et les industries. Une importante augmentation des dépenses gouvernementales déficitaires. Même d'énormes dépenses de guerre, comme les 5 000 milliards de dollars déjà engloutis depuis 2001 seulement dans les opérations militaires US en Irak, Afghanistan et ailleurs. De telles politiques peuvent éventuellement *différer* ou temporairement *amortir* les effets du prochain effondrement économique, mais elles ne pourront empêcher ni n'*empêcheront* ce dernier de se produire. Encore moins peuvent-elles « donner un coup de fouet » à la croissance économique et à l'emploi.

Le capitalisme est depuis longtemps devenu un système mondial. Les familles dirigeantes US et leurs rivales en Europe et dans le Pacifique cherchent sans cesse à maximiser leurs propres profits à travers le monde. Il en résulte un carnage croissant et la dépossession de millions d'êtres humains. De l'Afghanistan au Yémen, en passant par l'Irak et la Syrie ; de la Somalie et du Soudan à travers de larges étendues de l'Afrique et au-delà : la planète est devenue un océan de réfugiés, dont le nombre et les privations dépassent tout ce que nous avons vu depuis la fin de la deuxième guerre mondiale.

C'est un monde où la surexploitation impérialiste alimente et perpétue non seulement l'analphabétisme et des niveaux dévastateurs de mortalité maternelle et infantile, mais aussi de terrifiantes épidémies de maladies qu'on peut prévenir. Les crises de l'Ébola en Afrique de l'Ouest en 2014, du choléra en Haïti en 2010 et encore en 2015 et 2016, du virus Zika en Amérique latine et dans les Caraïbes, y compris à Porto Rico, la colonie US asservie par la dette, n'en sont que les plus récents exemples. Du Guatemala au Bangladesh, du Nigéria aux Philippines, l'impérialisme laisse des centaines de millions de personnes sans eau potable, sans assainissement des eaux usées, sans électricité ni nourriture.

Au milieu de ce cauchemar national et international grandissant, les politiciens des deux grands partis capitalistes et les médias du grand capital travaillent sans relâche à propager la campagne de calomnies qui accuse les travailleurs aux États-Unis d'être massivement « racistes, sexistes, homophobes, xénophobes, islamophobes, et j'en passe, » ainsi qu'Hillary Clinton l'a formulé au cours de cette levée de fonds de septembre 2016. Ils ne sont pas seulement « déplorables », a-t-elle dit. Plus important encore : « Ils sont irrécupérables. »

Mais ce que la campagne électorale de 2016 a montré, de façon partielle et déformée comme tout phénomène électoral bourgeois, a peu à voir avec la dépréciation grossière des femmes, des immigrés, des musulmans et d'autres par Donald Trump. Ce n'est pas la raison pour laquelle des millions de ceux et celles qu'Hillary Clinton considère comme « irrécupérables » ont voté pour lui. La vérité, c'est qu'un nombre encore plus élevé de gens ont refusé de voter pour elle ou pour lui.

Ce qu'a montré la campagne, c'est autre chose : le système bipartite bourgeois n'a produit pendant très longtemps que des attentes déçues. En 2016, des millions de gens ont voté pour ce qu'ils espèrent pouvoir être un changement. Beaucoup d'autres ont décidé par dégoût de ne pas voter cette fois-ci, du moins pas au niveau présidentiel.

Qu'il s'agisse des milliards de Trump, ou des centaines de millions accumulés par les Clinton eux-mêmes et par leur fondation au cours des 15 ans qui ont suivi leur séjour à la Maison-Blanche, la richesse des candidats des deux partis bourgeois dépend des rapports sociaux capitalistes qu'ils défendent avec fierté. Et les profits qu'ils empochent dépendent de la *concurrence* et des *divisions* parmi les travailleurs. Des licenciements et du chômage. Des conventions collectives à multiples échelles de salaire et des fusions d'emplois. De la discrimination raciste. Du statut de deuxième classe des femmes. De la crainte omniprésente de la brutalité policière. Des conditions de paria des travailleurs immigrés et des réfugiés. Des guerres et opérations militaires sanglantes visant à protéger les intérêts impérialistes US à l'étranger. Sans les rapports de classe féroces propres au capitalisme, les *milliards de dollars* empochés année après année en surprofits par la classe des employeurs s'évaporeraient.

Les patrons s'enrichissent en exploitant notre travail et en nous maintenant divisés. Ce qui corrode la solidarité ouvrière, c'est le fonctionnement même de la production et de la distribution capitalistes, et du pouvoir d'État qui défend l'exploitation et l'oppression.

Voilà ce qui est déplorable.

◆

Quelle que soit l'issue des élections à la présidence et au Congrès en 2016, un coup sans précédent a été porté à la

HERB BLAUSTEIN/GRANT'S INTEREST RATE OBSERVER

« Elle est pire … Il est pire »

stabilité du système partidaire capitaliste aux États-Unis. Depuis la consolidation il y a plus d'un siècle de la domination des partis démocrate et républicain sur la politique bourgeoise dans la nouvelle puissance impérialiste montante, il n'y a jamais rien eu de comparable.

Pour que le système bipartite fonctionne de façon efficace pour la classe dirigeante, il faut qu'il y ait un « moindre mal. » Et les moindres maux doivent alterner : un démocrate pour quelques mandats, puis un républicain, et on recommence. Voilà comment ce système a fonctionné pendant des décennies comme une soupape de sécurité efficace pour laisser s'échapper la colère de « l'électorat ».

Mais ce n'est pas ce qui s'est produit en 2016.

Jamais auparavant les candidats présidentiels des *deux* principaux partis capitalistes n'ont suscité autant de méfiance, de dégoût et d'aversion politiques parmi les travailleurs et les agriculteurs, les jeunes et de larges couches de la classe moyenne inférieure. Le dessin humoristique le résume bien. *Les deux pancartes ont tout à fait raison !* Il n'y a pas de moindre mal.

Et les conditions de crise qui ont produit ce bouleversement dans le système bipartite bourgeois ne s'en vont pas. Elles empirent.

Ce qui est sans précédent en 2016, c'est la mise à nu de quelque chose que la classe dirigeante US a largement réussi à masquer pendant des décennies. Les élections ont concrètement montré que le système électoral bourgeois aux États-Unis est truqué. Oui, truqué dans l'intérêt des possédants et de leur grande méritocratie rentière. La grande majorité des familles dirigeantes, souvent appelées à tort « l'establishment » ou « l'élite politique » par ceux qui espèrent en masquer le caractère de classe, a clairement fait savoir quelques mois avant les élections de novembre qu'elle avait l'intention d'utiliser la télévision, les journaux et tout autre outil dont elles pouvaient se servir pour assurer la défaite de Donald Trump.

L'écrasement de la forte campagne de Bernie Sanders contre Hillary Clinton dans les primaires avait déjà donné aux nouvelles générations de travailleurs et de jeunes un aperçu de ce que de puissantes forces bourgeoises peuvent faire et feront une fois qu'elles ont décidé quel sera le résultat d'une mise en nomination ou d'une élection.

Les couches dirigeantes et les échelons supérieurs de ceux qui exécutent leurs ordres vivent selon des règles et des valeurs morales différentes. C'est une erreur de traiter

Hillary Clinton de « menteuse » comme l'a fait Trump, pour la seule raison que cette description pourrait s'appliquer à beaucoup, beaucoup d'autres gens dans les deux partis capitalistes. Autant Sanders que Trump ont décrié le système « truqué », un système auquel ils ont eux-mêmes allégrement participé et dont ils ont profité pendant des années, ce qu'ils vont continuer à faire. Mais les yeux de millions de travailleurs ne se sont pas ouverts à de troubles conspirations, mais au fonctionnement quotidien de la politique bourgeoise aux États-Unis et, d'une manière ou d'une autre, dans le monde entier.

L'ancienne stabilité de l'escroquerie bipartite ne sera pas restaurée.

De 1993 à 2001, les huit années des Clinton à la Maison-Blanche ont initié le cours anti-ouvrier qui s'est poursuivi pendant les deux mandats de chacune des administrations républicaine et démocrate de Georges W. Bush et Barak Obama qui ont suivi. Le bilan donne un avant-goût de ce qui attend les travailleurs dans les années à venir, quel que soit le candidat qui l'emporte.

L'exemple le plus frappant de ce cours a été la « réforme de l'aide sociale » de l'administration Clinton en 1996, qui a brutalement réduit de près de 70 pour cent à l'époque à 23 pour cent en 2015 le pourcentage des familles vivant sous le seuil officiel de pauvreté qui recevaient des allocations en espèces du gouvernement US. Hillary Clinton, qui dit que « la défense des enfants et des familles a été la cause de ma vie, » continue jusqu'à aujourd'hui de défendre cette loi cruelle.

Les Clinton et leurs partisans ont promis de remplacer les allocations par des emplois. Mais les emplois se sont évaporés et le « filet de sécurité » n'est plus là.

L'ancien sénateur US Daniel Patrick Moynihan a dit il y a 20 ans que l'administration Clinton « passerait à l'histoire comme étant celle qui a abandonné, et abandonné avec enthousiasme, l'engagement national envers les enfants à charge. » Il ne pouvait dire mieux.

Dans le cadre de la Loi pour des soins *in*-abordables de l'administration Obama, les tarifs d'assurance santé vont bondir de 30 à 60 pour cent dans de nombreux États en 2017. Et environ 1,5 million de travailleurs perdront leur couverture actuelle. Pourtant, aussi bien Clinton que Trump continuent de s'opposer à des soins de santé universels financés par le gouvernement. Trump dit qu'il « abrogera et remplacera » complètement l'Obamacare, menaçant ainsi d'augmenter les plus de 30 millions de personnes qui n'ont toujours pas la moindre couverture médicale. Hillary Clinton quant à elle promet vaguement de « réparer ce qui ne fonctionne pas. » Mais c'est le projet de « Loi sur la sécurité de la santé » des Clinton mêmes en 1993 qui a donné le ton. Rejeté par le Congrès que le Parti démocrate contrôlait à l'époque, ce projet de loi donnait en otages les soins de santé des travailleurs aux profits des géants pharmaceutiques et des sociétés d'assurances et de soins hospitaliers de plus en plus liés entre eux. Il augmentait aussi de manière dramatique les coûts de tout ce qui a trait aux soins médicaux.

Entre autres choses, les années Clinton ont été marquées par la plus importante augmentation de la population dans les prisons fédérales et des États à avoir eu lieu sous une présidence de deux mandats : un saut de 60 pour cent de 1993 à 2001. Cette administration a présidé au plus grand nombre d'expulsions de travailleurs sans papiers en une seule année de l'histoire des États-Unis : 1,8 million de personnes. Des lois que la Maison-Blanche des Clinton a soutenues et entérinées ont considérablement augmenté le nombre de crimes fédéraux punissables de la peine de mort, dont Hillary Clinton et Donald Trump défendent tous les deux l'utilisation.

Tous ceux qui ont vu la machine d'Hillary Clinton organiser les délégués à la convention démocrate pour qu'ils crient « USA ! USA ! » dans le but de réduire au silence les délégués qui scandaient « Assez de guerre ! » ne seront pas surpris d'apprendre que c'est la Maison-Blanche des Clinton qui a forgé la description chauvine des États-Unis impérialistes comme étant « la nation indispensable. » (Ni d'apprendre que la première porte-parole de l'administration Clinton à diffuser ce mensonge dans les années 1990 a été sa secrétaire d'État Madeleine Albright, la même qui a prévenu les femmes qui ne soutiennent pas Hillary Clinton qu'« il y a une place spéciale en enfer » pour celles-ci lors des primaires de 2016.)

De façon répétée, Hillary Clinton a appelé à imposer une « zone d'exclusion aérienne » au-dessus de la Syrie, une politique qui ne pourrait être appliquée qu'en étant prêt à abattre les avions de guerre de Moscou, ce qui provoquerait un conflit militaire direct avec la Russie. Cette position est cohérente avec l'appui qu'elle a donné pendant un quart de siècle à une série de guerres et d'opérations militaires initiées par les États-Unis, allant de la Lybie et de l'Iraq à l'Afghanistan et au Pakistan. Si on inclut les campagnes de bombardement et les « opérations spéciales » que les États-Unis ont menées sous les Clinton en Iraq, en Yougoslavie et en Somalie entre 1993 et 2001, ce sont des centaines de milliers de personnes de tous les côtés qui ont été tuées ou handicapées à vie à mesure que ces conflits se sont étendus. Avec une plus grande expansion en vue.

C'est durant les deux termes des Clinton à la Maison-Blanche que certaines des mesures les plus dures ont été adoptées pour intensifier les décennies d'efforts des dirigeants impérialistes US pour renverser la révolution socialiste à Cuba. Ce cours est également décrit dans *Le bilan anti-ouvrier des Clinton*.

L'adoption des lois connues sous les noms de Torricelli et Helms-Burton — cette dernière entérinée par Clinton — a intensifié la guerre économique brutale de Washington contre les travailleurs de Cuba. Cette attaque s'est produite au moment où ont abruptement pris fin des décennies de relations économiques entre Cuba et l'URSS et l'Europe de l'Est, et où la révolution cubaine faisait face au plus grand défi de son histoire et le surmontait.

L'administration Clinton a fermé les yeux sur les provocations de contre-révolutionnaires cubains basés en Floride, qui ont survolé l'espace aérien de l'île dans l'espoir de pousser La Havane à une action défensive qui aurait pu servir de prétexte à des représailles US pouvant aller jusqu'à une action militaire. Alors que Washington n'a rien fait pour empêcher ces attaques répétées contre la souveraineté de Cuba, le département de la Justice des Clinton a monté un coup contre cinq révolutionnaires cubains vivant en Floride et les a expédiés dans des prisons fédérales. Ces derniers travaillaient pour le gouvernement de Cuba afin de prévenir de telles provocations et violences contre le peuple cubain. Trois d'entre eux ont été condamnés à perpétuité.

La classe dirigeante US craint le bilan de la révolution socialiste à Cuba pour la même raison qu'elle craint la classe ouvrière aux États-Unis. Elle répand mensonges et calomnies sur Cuba pour la même raison qu'elle le fait sur nous. Avant tout, elle craint les travailleurs et les agriculteurs qui ont fait et défendent la révolution socialiste à Cuba et sa direction communiste *parce qu'elle a peur de l'exemple qu'ils ont donné.* L'exemple que nous *pouvons* surmonter les divisions qu'elle sème entre nous, que nous *pouvons* faire une révolution socialiste et établir un gouvernement qui agit dans nos intérêts de classe. Que nous *pouvons* offrir une solidarité active aux luttes des travailleurs à travers le monde. Que nous, travailleurs, nous *pouvons* et nous allons nous transformer et transformer ce que nous pouvons faire en prenant le pouvoir et en transformant la société.

Ce n'est pas seulement l'*accès* aux soins médicaux qui changera, pour prendre l'un des gains les mieux connus de la révolution cubaine. Ce n'est pas seulement que tous auront accès aux cliniques, hôpitaux et médicaments. De manière plus importante, à mesure que nous déracinerons les relations sociales du capitalisme de loups qui se mangent entre eux, l'exploitation d'un être humain par un autre, ceux et celles qui seront formés sous ces relations sociales transformées deviendront des êtres humains différents. *Voilà* ce qui permettra la transformation des soins médicaux.

Et cet exemple, c'est ce que la classe dirigeante US craint le plus à propos de la révolution cubaine.

Au cours des élections américaines de 2016, le Parti socialiste des travailleurs a mené une campagne ouvrière qui a présenté Alyson Kennedy à la présidence et Osborne Hart à la vice-présidence, ainsi que des candidats à des postes de gouverneurs et pour le sénat US à travers le pays, de la Californie et la Floride aux États de Washington et New York. Contrairement à Hillary Clinton, Donald Trump, Bernie Sanders et aux autres candidats capitalistes, qui tous s'adressaient aux travailleurs comme des *objets* des politiques gouvernementales et non comme *des acteurs* du changement politique révolutionnaire, les candidats du Parti socialiste des travailleurs et leurs partisans ont fait campagne aux côtés des travailleurs. Ils l'ont fait dans des manifestations et des actions contre des flics meurtriers, sur des lignes de piquetage et dans d'autres actions ouvrières, et avant tout, jour après jour, dans une région après l'autre, sur les pas de porte des quartiers ouvriers à travers les États-Unis et Porto Rico.

Faire campagne de manière non sélective dans la classe ouvrière n'est pas quelque chose que les travailleurs socialistes font avant tout quand il y a des élections. C'est ce que nous faisons toute l'année. Nous parlons avec les autres travailleurs d'un cours de lutte révolutionnaire et nous nous joignons à eux dans des manifestations, grèves, réunions politiques et autres activités, petites et grandes. Nous soulignons l'impasse destructrice de la politique réactionnaire du ressentiment. Nous discutons comment notre classe peut suivre un cours d'action politique basé sur nos intérêts de classe — et non sur ceux de nos employeurs capitalistes, de leur gouvernement et de leurs partis — et pourquoi nous avons besoin de notre propre parti politique pour le faire. À tous, nous disons : notre parti, c'est votre parti. Si vous êtes d'accord, joignez-vous à nous pour lutter pour cet avenir.

Une chose frappe par son ampleur et sa profondeur. Depuis les coups portés par le krach de 2008-2009, les travailleurs se montrent de plus en plus ouverts à parler et débattre entre eux des questions sociales et politiques les plus larges auxquelles font face notre classe, nos syndicats et nos alliés. Partout, les travailleurs cherchent à comprendre le déclin lancinant et destructeur du capitalisme et, ce qui est encore plus important, comment tracer une voie en avant pour en combattre les conséquences.

C'est pourquoi des livres comme *Le bilan anti-ouvrier des Clinton* sont importants. En le lisant, vous serez frappés à maintes reprises par le fait qu'une première version des trois articles qu'il contient a été publiée il y a plus de huit ans dans le neuvième numéro de la revue *Nouvelle Internationale*. Un article est basé sur une présentation faite par Jack Barnes il y a plus de quinze ans. Mais ses mots se lisent comme s'ils étaient prononcés aujourd'hui !

Les photos, illustrations, graphiques et autres nouvelles informations qui ont été incorporées à cette nouvelle édition mettent à jour des tendances déjà évidentes depuis les années 1990.

Ce livre est l'un des trois titres publiés en cette année d'élection par les éditions Pathfinder pour aider les travailleurs à aborder les importantes questions politiques pour lesquelles nous et d'autres dans la classe ouvrière avons besoin de réponse pour lutter de manière plus efficace et gagner. Il complète *Sont-ils riches parce qu'ils sont intelligents ? Classe, privilège et apprentissage sous le capitalisme*, aussi de Jack Barnes, et *Une révolution socialiste est-elle possible aux États-Unis ? Un débat nécessaire entre travailleurs* de Mary-Alice Waters, une dirigeante du SWP. Ces trois titres s'appuient politiquement sur un autre livre de Jack Barnes, *Malcolm X, la libération des Noirs et la voie vers le pouvoir ouvrier*, publié en 2009 au plus fort de la crise financière qui a paralysé le monde.

En plus des traductions en espagnol et en français qui seront utilisées dans le monde, ces livres sont présentement traduits en farsi en Iran. Ils seront largement diffusés dans les librairies et bibliothèques de ce pays et bien au-delà de ses frontières. Leur grande distribution montre que l'ampleur et l'explosivité de la crise capitaliste, ainsi que la réponse des travailleurs à ses conséquences, sont vraiment internationales.

Quand la première organisation communiste moderne a été fondée en 1847, les travailleurs d'Allemagne, de Grande-Bretagne et d'ailleurs qui l'ont initiée ont recruté deux jeunes révolutionnaires du nom de Karl Marx et Friedrich Engels. Ils leur ont demandé d'aider à rédiger un programme de fondation (aujourd'hui connu sous le nom de Manifeste communiste), ainsi qu'un ensemble de règles organisationnelles qu'ils considéraient essentielles pour remporter la lutte visant à réaliser ce programme. Parmi les conditions d'adhésion, la deuxième était de démontrer « une énergie révolutionnaire et un zèle propagandiste. »

Le bilan anti-ouvrier des Clinton et les deux titres qui l'accompagnent visent à fournir de nouveaux outils politiques aux travailleurs qui, aujourd'hui, au milieu des crises croissantes et des ouvertures pour construire un parti ouvrier, liront ces livres, les partageront en allant de porte en porte dans les quartiers ouvriers, et les utiliseront dans la lutte — avec exactement ce genre d'énergie et de zèle.

Steve Clark
LE 23 OCTOBRE 2016

STEVE CLARK est membre du Comité national du Parti socialiste des travailleurs et le directeur éditorial des éditions Pathfinder.

PREMIÈRE PARTIE

« Mettre fin à l’aide sociale telle que nous la connaissons »

(Mars 2001)

PREMIÈRE PARTIE

« Mettre fin à l'aide sociale telle que nous la connaissons »

(MARS 2001)

FINALEMENT, LES CLINTON ont quitté la Maison-Blanche. Depuis le début de sa campagne présidentielle de 1992, le Parti socialiste des travailleurs a insisté que « Bill » Clinton serait un président de guerre, un président de prison, un président de peine de mort. Qu'il serait, comme ceux qui l'ont précédé, un président dont le cours au pays et à l'étranger viserait à servir les intérêts de classe des familles US au pouvoir aux États-Unis. Surtout, nous avons insisté que les Clinton n'avaient pas été et ne seraient pas des amis de la classe qui travaille, à la ville ou à la campagne.

Nous pouvons affirmer avec confiance que la même chose est vraie du successeur de Clinton, George W. Bush, et du Congrès de l'époque et d'aujourd'hui.

L'événement marquant de l'attaque de l'administration Clinton contre la classe ouvrière, menée de concert avec le Congrès contrôlé par les républicains, a été appelé de façon méprisante la Loi réconciliant la responsabilité personnelle et les opportunités de travail de 1996. Cette loi brutale et anti-ouvrière a éliminé l'Aide aux familles avec enfants à charge (AFDC), fixé une limite fédérale à vie de cinq ans à toute famille recevant des allocations sociales et permis aux gouvernements des États de fixer une limite inférieure à cinq ans. Les États qui reçoivent des « subventions globales » du gouvernement fédéral dans le cadre du nouveau programme de l'Assistance temporaire aux familles dans le besoin (TANF) *ne sont pas* tenus de dépenser ces fonds en les versant à des familles — ce que de plus en plus souvent *ils ne le font pas.*

Cette « réforme » était l'incarnation de la promesse électorale réactionnaire faite par Clinton pendant sa campagne de 1992 de « mettre fin à l'aide sociale telle que nous la connaissons. » Elle constituait le plus grand succès remporté jusque-là par la classe dirigeante pour commencer à éroder le système fédéral de sécurité sociale — une concession arrachée à la classe des employeurs dans les années 1930 comme un sous-produit des luttes ouvrières massives qui ont construit les syndicats industriels et fait avancer l'intégration des Noirs dans des emplois industriels. Ces conquêtes ont été substantiellement élargies dans les années 1960 et 1970, quand le puissant mouvement pour les droits des Noirs basé dans le prolétariat et ses grands prolongements sociaux ont arraché d'autres gains de poids à la classe dirigeante : Medicare, Medicaid, les allocations d'invalidité du SSI (le Revenu complémentaire de sécurité) et l'indexation de ces programmes au coût de la vie.

La « réforme de l'aide sociales » des Clinton refusait explicitement aux immigrés sans « papiers » non seulement l'accès aux prestations du programme TANF, mais aussi aux bons alimentaires, à Medicaid et aux prestations du SSI. Elle refusait même aux immigrés en résidence « légale » (c'est-à-dire ceux qui ont une « carte verte » de séjour) l'accès aux bons alimentaires et la protection fédérale contre les invalidités. « L'éligibilité » au TANF et à Medicaid leur a été refusé pour une durée de cinq ans, après quoi leur accès à ces programmes a été laissé à la discrétion des gouvernements des États [1].

La loi de Clinton sur l'aide sociale — non seulement ses dispositions fondamentales, mais même son *nom* — a été reprise telle quelle d'un article du soi-disant Contrat avec l'Amérique que la majorité républicaine qui a pris le contrôle du Congrès en 1994 sous la direction de Newt Gingrich, deux ans après l'élection de Clinton, s'était engagée à mettre en application.

Au Congrès, l'opposant le plus catégorique et le plus clair d'un point de vue historique sur les conséquences anti-ouvrières destructrices de la « réforme de l'aide sociale » a été le sénateur démocrate de New York, Daniel Patrick Moynihan. Selon lui, la loi était « une mesure d'un caractère social vindicatif sans précédent. » Les effets pour les enfants, les femmes et d'autres, a-t-il dit, pourraient au début en être amorties par la bulle des « actions technologiques » de la fin des années 1990, une bulle alimentée par des titres de papier. Mais les conséquences exploseraient avec une force accrue au cours de la prochaine et inévitable grande récession — *comme celle dans laquelle nous sommes présentement en train d'entrer en 2001.*

« Très bientôt, quand les échéances sur l'éligibilité prendront effet, a prévenu Moynihan, nous dirons : « Pourquoi ces enfants dorment-ils sur des bouches d'aération ? »

---

1. Devant le mécontentement croissant provoqué par ces dispositions de la « réforme », une loi fédérale adoptée en 2002 a accordé l'accès aux bons alimentaires aux immigrés de moins de dix-huit ans titulaires d'une carte verte, ainsi qu'aux adultes qui avaient le statut de résident depuis au moins cinq ans.

Professeur de sociologie à Harvard pendant de nombreuses années, Moynihan avait été un critique de longue date de l'AFDC. Des allocations pour enfants à charge, disait-il, la plupart versées à des familles dirigées par des femmes, ne pouvaient à elles seules redresser ce qu'il considérait être la racine de la pauvreté parmi les Africains-Américains : *le chômage*. Ce dernier était à « des niveaux de catastrophe, » surtout parmi les jeunes Noirs. Sans un programme fédéral de travaux publics pour s'attaquer à cette crise — et c'était là le coeur de ce que disait Moynihan — les familles les plus pauvres des communautés noires continueraient à se briser. De plus en plus de ces dernières seraient dirigées par des femmes seules, avec de moins en moins d'aide, incapables de fournir un havre de soutien économique et social stable pour les enfants.

Le *Capital* de Karl Marx et *La condition de la classe ouvrière en Angleterre en 1844* de Friedrich Engels regorgent de descriptions saisissantes d'une pareille dévastation des familles dans les quartiers ouvriers de l'Angleterre du dix-neuvième siècle.

Mais aussi longtemps qu'existent les rapports sociaux de loups qui se mangent entre eux du capitalisme, la famille est ce sur quoi les enfants, les personnes âgées, les malades et d'autres travailleurs doivent se rabattre.

En 1965, lorsque Daniel Moynihan était un secrétaire adjoint au travail peu connu dans l'administration de Lyndon Baines Johnson, il avait écrit un rapport interne intitulé *The Negro Family: The Case for National Action* [La famille noire : pourquoi il faut agir au niveau national]. « La révolution noire américaine, y écrit-il, est considérée à juste titre comme l'évènement national le plus important de la période d'après-guerre aux États-Unis. Rien de tel ne s'est produit depuis les bouleversements des années 1930 qui ont mené à la construction des grands syndicats industriels. » Conséquence de cette luttes, les Noirs auront des attentes qui « déborderont les droits civils et ils s'attendront maintenant à ce que dans un avenir rapproché des opportunités égales produisent en gros des résultats égaux. »

Mais, souligne Moynihan, l'égalité n'est pas possible aussi longtemps que « nous continuons à souffrir du virus raciste qui affecte le système sanguin américain. » Elle n'est pas possible aussi longtemps que l'écart de niveau de vie et de revenus « entre les Noirs et la plupart des autres groupes de la société américaine s'élargit. »

Ces conditions avaient été amplifiées par la rapide migration noire du Sud rural vers les ghettos ségrégués des villes du Nord qui a commencé pendant la première guerre mondiale. Moynihan lui-même avait passé la plus grande partie de son enfance dans le quartier *Hell's Kitchen* [cuisine de l'enfer] de New York, dans une famille ouvrière irlandaise dirigée par sa mère. S'appuyant sur cette expérience, il a écrit que, comme la « Grande migration » des Noirs vers le Nord, c'était la transition brutale de l'Irlande rurale vers les grandes villes des États-Unis « qui a produit les bidonvilles irlandais sauvages du Nord-Est du dix-neuvième siècle. »

« Finalement, les Irlandais ont comblé cet écart et Moynihan ne doute pas que les Noirs le feront aussi, » a écrit en 1967 la revue *Time* dans un article à son sujet publié en couverture. Mais c'est là que les limites de classe de la perspective bourgeoise libérale de Moynihan ont joué. Il n'a pas accordé assez d'importance au fait qu'en plus de toutes les conditions économiques et sociales communes qui affligent tous les travailleurs, ceux qui sont noirs font face à un obstacle historique unique et concret pour « combler l'écart » : le caractère systématique de la discrimination, de l'intolérance et des dangers physiques, pour la seule raison de la couleur de leur peau.

Parce que l'oppression nationale est quelque chose à laquelle les Irlandais et les autres travailleurs qui sont caucasiens ne font pas face. Comme les Italiens, les Grecs et beaucoup d'autres immigrés, avec le temps ils sont devenus « blancs » dans la société capitaliste raciste des États-Unis (du moins suffisamment pour « passer » comme un groupe national). Mais ce n'est pas le cas des descendants des esclaves africains, même ceux qui « se comportent comme des blancs. » Sous le capitalisme, ils font face au vestige durable du commerce barbare des esclaves et de la servitude involontaire. Un vestige avant tout de la défaite sanglante de la Reconstruction radicale qui a suivi la guerre civile et de décennies de ségrégation raciste légale dans le cadre du système dit de Jim Crow à travers le sud des États-Unis et de discrimination de fait à l'échelle nationale. C'est un héritage profondément enraciné et seuls le renversement de la dictature du capital et la conquête révolutionnaire du pouvoir par la classe ouvrière pourront ouvrir la voie au combat pour y mettre fin une fois pour toutes.

Non seulement l'administration Johnson a-t-elle rejeté les propositions contenues dans *The Negro Family: The Case for National Action*, mais quand le rapport de 1965 a coulé dans la presse, Moynihan a été condamné par beaucoup de libéraux, de nationalistes noirs et de radicaux petits-bourgeois comme un raciste qui « rejetait la responsabilité sur la victime, » en particulier sur les femmes noires. Il est clair que la plupart de ces « critiques » ne se sont jamais donné la peine de lire ou de considérer sérieusement ce qu'a écrit Moynihan [2].

Moynihan n'a pas non plus convaincu Richard Nixon de passer à l'action au chapitre des travaux publics ou sur ses autres propositions quand il a occupé la fonction de conseiller aux affaires urbaines de la Maison-Blanche en 1969, même s'il a réussi à se faire davantage écouter par Nixon que par LBJ. Un Plan d'aide à la famille proposé par Nixon avec le soutien de Moynihan — « un revenu minimum garanti » pour toute famille de quatre, peu importe le nombre de parents au foyer — a été rejeté au Sénat par une coalition de démocrates libéraux et de républicains conservateurs. Nixon a mis en application le « Plan de Philadelphie, » qui établissait pour la première fois des objectifs d'action affirmative pour l'embauche de Noirs dans les chantiers de construction financés par le gouvernement fédéral. Et il a mis fin au service militaire obligatoire.

Mais le pourcentage d'enfants vivant sous le seuil de pauvreté établi par le gouvernement a continué de grimper, passant de 14 pour cent en 1968 à 23 pour cent au début de l'administration Clinton en 1993. Quand Clinton a publiquement cité le rapport de 1965 de Moynihan

---

2. Un demi-siècle plus tard, quelques libéraux et surtout des Noirs à l'esprit nationaliste ont reconnu beaucoup de ce que Moynihan avait observé et noté. Ceux-ci comprennent Ta-Nehisi Coates, l'auteur du livre à succès *Between the World and Me* [Entre le monde et moi], écrit en 2015 en réponse aux meurtres par la police d'Erik Garner et Tamir Rice et aux « fouilles, arrestations, passages à tabac et humiliations [...] subies par les Noirs. » Dans un article de la revue *Atlantic* intitulé « Revoir le rapport Moynihan (suite), » Coates dit qu'il est « vraiment difficile de séparer ségrégation, emploi et stabilité familiale. C'est un sujet qui mérite une discussion. Mais Moynihan n'a pas été discuté. Il a été condamné. »

pour justifier son engagement de « mettre fin à l'aide sociale telle que nous la connaissons, » ce dernier en a eu assez. Le sénateur de longue date de l'État de New York a crié sur tous les toits que la loi de Clinton encourageait « la cruauté » envers les familles et perpétuait « la dévastation sociale. » Cette administration démocrate était destinée à « passer à l'histoire comme [en étant une] qui a abandonné, abandonné avec enthousiasme, la responsabilité nationale envers les enfants dépendants. »

Peu avant la fin de son mandat en janvier 2001, Bill Clinton s'est vanté du fait que huit millions de personnes au niveau national avaient été radiées des listes d'aide sociale des États — une chute de 60 pour cent en moins d'une demie-décennie. Ce que les partisans bourgeois de cette loi ne claironnent pas aussi bruyamment par contre, c'est que la vaste majorité de ces anciennes récipiendaires de l'AFDC, si elles ont pu se trouver le moindre travail, ont été contraintes d'accepter des emplois au salaire minimum *ou en-dessous*, avec peu ou pas de couverture médicale, de pensions de retraite ou de congés payés.

Et ça, c'était *au plus fort* du cycle économique capitaliste. À mesure que les premières cibles visées par la limite de cinq ans établie par la loi seront radiées de façon permanente des prestations sociales au cours des prochains mois, elles vont se retrouver au milieu de licenciements croissants et d'un chômage grandissant.

La loi de 1996 de Clinton représentait la première fois qu'une catégorie entière de travailleurs — les mères célibataires et leurs enfants — a été éliminée du genre de protections que la Sécurité sociale est censée offrir aux retraités, aux enfants, aux travailleurs qui ont été blessés ou virés d'un emploi et aux autres qui sont vulnérables

« La réforme de l'aide sociale » le prix payé par la classe ouvrière

Nombre de familles recevant des allocations monétaires par tranche de 100 familles pauvres avec enfants

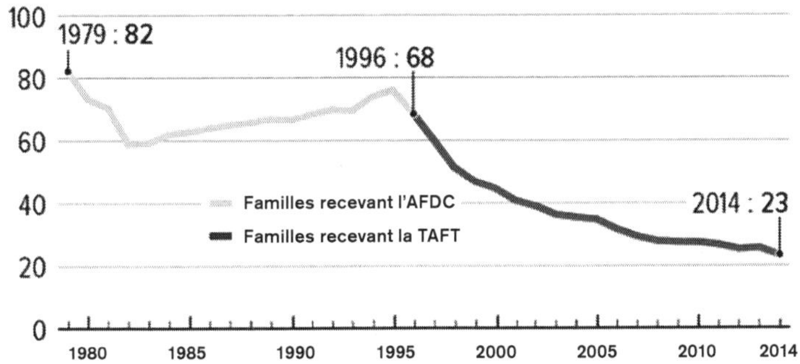

AFCD = Aide aux familles avec enfants à charge
TANF = Assistance temporaire aux familles dans le besoin

SOURCE : CENTRE SUR LES PRIORITÉS BUDGÉTAIRES ET POLITIQUES

Sous les coups de la dépression à petit feu annoncée par les récessions de 2001 et de 2008-2009, il y avait selon les statistiques du gouvernement quatre millions de mère célibataires au chômage en 2014. Leur nombre était plus élevé que lorsque la soi-disant réforme de l'« aide au travail » de Clinton-Gingrich a été adoptée. À ça s'ajoute le fait que le pourcentage de femmes que le gouvernement inclut dans la population active est tombé à 56,6 pour cent, le taux le plus bas depuis 1988.

Pourtant, la proportion des familles vivant sous le seuil de pauvreté qui reçoivent de l'aide sociale a chuté, passant de presque 70 pour cent à 23 pour cent.

De plus, un tiers des gouvernements des États ont adopté des limites de moins de cinq ans pendant lesquelles une famille peut recevoir des allocations sociales (par exemple, deux ans au Kansas et seulement un an en Arizona). Le pouvoir d'achat des familles recevant des allocations s'est réduit d'au moins le tiers parce que la « réforme » n'indexe pas au coût de la vie les subventions globales versées par le gouvernement fédéral aux États. Ces subventions n'ont pas augmenté depuis 1997 !

aux instabilités et aux dévastations propres au capitalisme, beau temps, mauvais temps.

Qui plus est, cette section de la classe ouvrière en est une qui s'accroît aux États-Unis. En 1965, lorsque Moynihan a écrit *The Negro Family,* le chiffre de « crise » qu'il a donné pour le nombre d'enfants noirs élevés par des familles monoparentales dirigées par des femmes était de 25 pour cent. Un demi-siècle plus tard, c'est le pourcentage pour *tous les foyers monoparentaux dirigés par des femmes,* quelle que soit leur couleur de peau. Le chiffre pour les foyers noirs a grimpé à plus de 70 pour cent.

Entretemps, la pauvreté, le manque d'emplois stables et la désintégration des familles et des autres rapports sociaux — tous imposés par les effets du capitalisme à des millions d'hommes, de femmes et d'enfants de familles ouvrières — reflètent les conséquences inévitables d'un système social basé sur l'exploitation de classe et l'oppression nationale.

À cet égard, un autre article bien connu de Daniel Moynihan, un texte de 1993 intitulé « Définir la déviance à la baisse, » pose des questions qui sont importantes pour l'avant-garde ouvrière. Moynihan l'a écrit peu après l'explosion sociale qui a eu lieu en 1992 à Los Angeles, en réaction à l'acquittement de quatre flics responsables de l'arrestation et du passage à tabac de Rodney King, un Africain-Américain, qui avaient été largement diffusés à la télévision.

Parmi les tendances sociales « déviantes » sur lesquelles Moynihan s'est concentré se trouvaient l'effondrement de plus en plus rapide de la structure familiale, la réduction brutale du revenu réel des familles pauvres recevant des prestations de l'AFDC et la hausse du taux de criminalité violente (ce dernier a atteint son apogée l'année suivante et est en baisse depuis). Ce n'était pas la première fois dans l'histoire américaine, a-t-il dit, qu'on voyait un tel degré de « crime, violence, agitation [et] défoulement contre toute la structure sociale, surtout parmi les « jeunes hommes » sans emploi des « familles dysfonctionnelles. » Faisant encore une fois appel à sa propre origine dans une famille ouvrière, Moynihan a tiré des leçons s'appliquant « des bidonvilles irlandais sauvages de la côte Est du dix-neuvième siècle aux banlieues de Los Angeles déchirée par des émeutes. »

Le plus grand danger, a-t-il dit, c'est de céder aux couches sociales qui « profitent du fait de redéfinir le problème comme essentiellement normal et de faire peu de choses pour s'y attaquer » — « définir la déviance à la baisse, » selon ses propres termes. (Moynihan parlait de son propre point de vue de classe sur les dangers que cela constituait pour le gouvernement, les partis politiques capitalistes et l'ordre social que ceux-ci représentent.)

D'un côté, a-t-il écrit, « Cette redéfinition a provoqué une résistance féroce de la part des défenseurs des « vieilles » normes et explique bien des aspects de l'actuelle « guerre culturelle » telle que proclamée par plusieurs lors de la convention nationale républicaine de 1992. » Il n'a pas élaboré sur cette référence, mais il avait clairement à l'esprit le discours très médiatisé où Patrick Buchanan a raconté (avec beaucoup d'exagération) comment des unités de l'armée et de la Garde nationale US — « fusils d'assaut à la main » — avait repris Los Angeles « rue par rue » le printemps précédent. De la même façon, a dit Buchanan, « nous devons reprendre nos villes, reprendre notre culture et reprendre notre pays. » C'est ainsi que la « guerre qui se déroule dans notre pays pour l'âme de l'Amérique » sera gagné. « C'est une guerre culturelle, aussi critique pour le genre de pays que nous serons un jour que l'a été la guerre froide elle-même. »

D'un autre côté, Moynihan a aussi fait référence à des « solutions », qui clairement n'avaient pas sa faveur, en train de gagner du terrain parmi des sections plus dominantes des deux partis de la classe dirigeante, dont l'administration démocrate récemment élue de Bill and Hillary Clinton. « Nous construisons de nouvelles prisons à un rythme prodigieux, » a-t-il mis en garde à la fin de son article. « De la même façon, le bourreau est de retour. Il y a une espèce de compétition au Congrès pour inventer de nouveaux délits pour lesquels la peine de mort semble être le seul moyen de dissuasion possible. »

C'est pourquoi Moynihan, le politicien et professeur d'université libéral, s'est opposé à « la définition à la baisse de la déviance. » Mais pour les travailleurs — en raison de nos propres intérêts de classe indépendants — les enjeux sont beaucoup plus importants de ne pas « définir à la baisse » les attitudes, habitudes et conditions sociales qui divisent notre classe ou qui déchirent notre confiance politique, notre fonctionnement discipliné, notre combativité et notre moral.

S'attaquer aux autres travailleurs et agriculteurs ; nous juger les uns les autres selon la couleur de la peau, l'origine nationale, la religion ou le sexe, et non pas selon ce que nous *faisons* ; arriver ivre ou défoncé à un piquet de grève ou à une tâche de défense — rien de tout cela n'est « essentiellement normal » pour une classe ouvrière qui s'organise et résiste, une classe dont l'émancipation de l'exploitation ne peut être gagnée que par l'organisation politique indépendante et l'action disciplinée. Rien de tout cela n'illustre la norme incorporée par Karl Marx et Friedrich Engels dans les statuts qu'ils ont rédigés en 1847 pour la première organisation communiste au monde — « un mode de vie et une activité conformes » à l'intégrité politique et aux objectifs du mouvement des travailleurs ayant une conscience de classe.

C'est le défi auquel a fait face chaque mouvement révolutionnaire de la classe ouvrière et des opprimés — depuis les luttes ouvrières de masse qui ont forgé les syndicats industriels aux États-Unis ; les mobilisations dirigées par les Noirs pour les droits civils qui ont renversé le système de ségrégation de Jim Crow et ouvert la voie à des dirigeants ouvriers internationalistes comme Malcolm X ; l'Armée rebelle qui a conduit les travailleurs et agriculteurs de Cuba à effectuer une révolution socialiste triomphante ; jusqu'à la lutte pour un parti prolétarien qui rendra possible une révolution socialiste aux États-Unis.

Les attaques de la classe dirigeante contre le droit à l'avortement

Au cours du quart de siècle qui a suivi la décision de la Cour suprême dans la cause *Roe contre Wade*, la réaction politique de sections de la bourgeoisie contre la décriminalisation de la décision d'une femme de mettre un terme à une grossesse a été au centre des attaques contre les acquis sociaux et économiques des femmes. Cet assaut fait partie de l'attaque plus générale contre les droits et les conditions de vie des travailleurs et des agriculteurs.

Malgré la rhétorique de la campagne électorale de George W. Bush, il n'est pas plus probable que la nouvelle administration lance un assaut frontal contre le droit des femmes de choisir que celles qui l'ont précédée. Néanmoins, les attaques contre le droit à l'avortement se poursuivent et elles ont été facilitées par le caractère et le contenu du jugement de 1973 de la Cour suprême.

Roe contre Wade n'était pas basé sur le droit des femmes « à une protection égale devant la loi, » un droit garanti par le quatorzième amendement de la Constitution, mais sur des critères médicaux. Pendant les trois premiers mois (le premier « trimestre »), a tranché le tribunal, la décision de mettre un terme à une grossesse « doit être laissée au médecin traitant la femme enceinte » (pas à la femme elle-même, mais à un médecin !).

En même temps, le tribunal a permis aux gouvernements des États d'interdire la plupart des avortements après la « viabilité », que *Roe contre Wade* décrit comme le moment à partir duquel un foetus est « potentiellement capable de vivre en dehors de l'utérus de la mère » — ce qui se produit inévitablement de plus en plus tôt dans la grossesse avec les progrès de la médecine.

Dès le début, les opposants aux droits des femmes se sont servis à leur avantage des critères « médicaux » de la Cour suprême. Et ils ont profité au maximum du fait que la décision judiciaire de 1973 a été rendue alors qu'un grand débat n'avait pas encore été mené et remporté par ceux qui insistaient que la décision d'une femme sur cette procédure médicale tombe sous la protection de nos droits constitutionnels durement gagnés.

Ratifié en 1868, le quatorzième amendement de la Constitution des États-Unis est une conquête directe de la deuxième révolution américaine. Parmi ses dispositions, l'amendement a établi que ni les autorités fédérales ni celles des États ne pouvaient « refuser à une personne sous [leur] juridiction une protection égale devant la loi » — pas à une personne de *sexe masculin*, pas à une personne d'une *race* particulière, pas seulement à une personne qui est un *citoyen*. Aucun gouvernement ne pouvait refuser ces droits à *quelque personne que ce soit* — point final. Voilà ce que dit le quatorzième amendement.

Néanmoins, depuis plus d'un siècle, un tribunal fédéral après l'autre a exactement fait ça : nier ce droit aux femmes. Ce n'est qu'en 1971 que la Cour suprême des États-Unis — dans un jugement rédigé par son président Warren Burger, qui avait été nommé par Richard Nixon — a enfin affirmé que « la protection égale devant la loi » du quatorzième amendement s'applique aux femmes [3].

Bien sûr, ce changement n'était pas le résultat d'une soudaine « révélation judiciaire. » Il était le produit des victoires remportées dans la rue dans les années 1950 et 1960 par des millions de combattants pour les droits des Noirs,

3. Pour la première fois depuis la ratification du quatorzième amendement en 1868, dans son jugement *Reed contre Reed*, la Cour suprême des États-Unis a invalidé la loi d'un État parce que celle-ci violait l'article sur la protection égale en exerçant de la discrimination contre les femmes. La loi en cause de l'État d'Idaho accordait une préférence aux hommes contre les femmes dans la nomination des administrateurs de succession.

NEW YORK TIMES

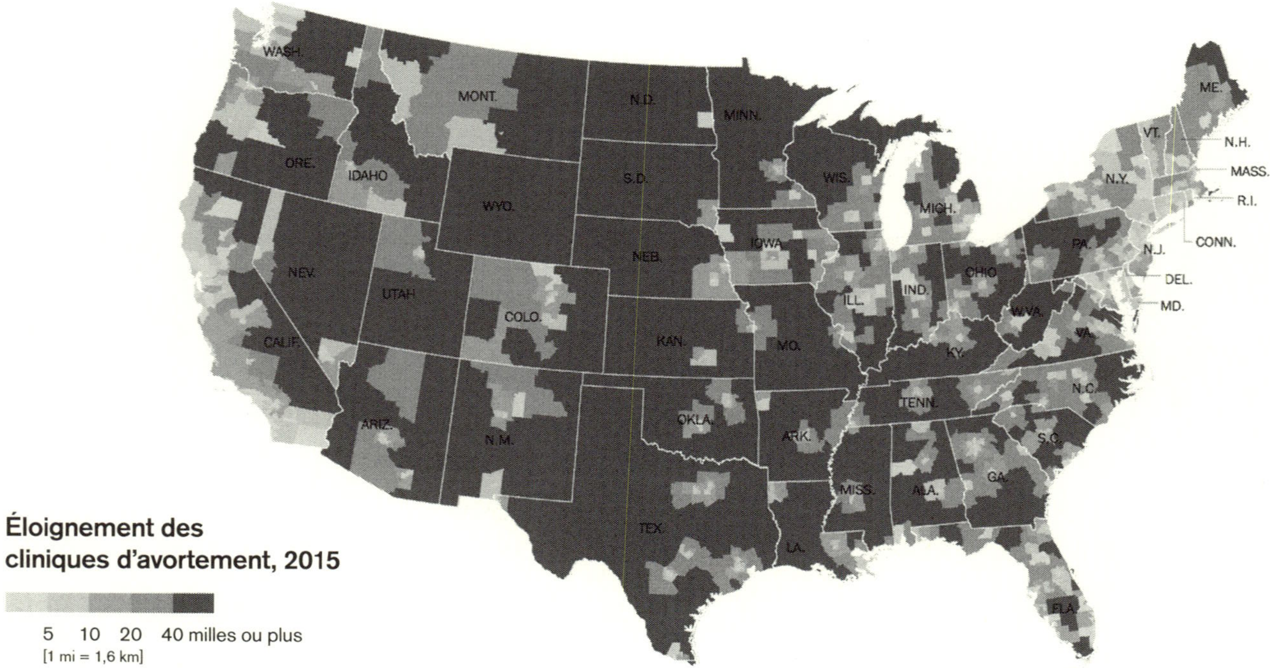

Éloignement des cliniques d'avortement, 2015

5 10 20 40 milles ou plus
[1 mi = 1,6 km]

À mesure que les opposants aux droits des femmes ont imposé de plus en plus de restrictions à l'accès aux procédures d'avortement, la distance moyenne que les femmes doivent parcourir pour atteindre une clinique a augmenté. Dans les comtés ruraux, plus des trois quarts des femmes doivent faire des distances de plus de 40 milles (65 km) et un tiers, des distances de plus de 100 milles (160 km).

Une victoire contre les attaques visant les droits des femmes

Washington, mars 2016. Des partisans du droit à l'avortement manifestent lors d'une audience de la Cour suprême portant sur une requête contestant une loi restrictive de l'État du Texas. Le tribunal a invalidé en juin les dispositions les plus contraignantes de cette loi.

Depuis 2010, les ennemis du droit des femmes à choisir se sont de plus en plus concentrés sur l'adoption de lois exigeant que l'avortement soit traité différemment des autres procédures chirurgicales effectués en clinique externe. Ces attaques ont été cyniquement présentées comme « protégeant » la santé des femmes.

Le 27 juin 2016, une importante victoire a été remportée, qui a fait reculer la réglementation « sanitaire » limitant l'accès des femmes à l'avortement. La Cour suprême des États-Unis a invalidé certaines clauses d'une loi du Texas de 2013 qui avaient déjà conduit à la fermeture de la moitié des 40 cliniques d'avortement de l'État et auraient pu en réduire le nombre à 10 ou même moins si elles avaient été entièrement mises en oeuvre. Ces fermetures ont particulièrement affecté les femmes de la classe ouvrière et des familles vivant sur des fermes et dans les agglomérations rurales.

Le tribunal a rejeté l'élément central de la loi du Texas, qui avait (1) exigé de tout médecin pratiquant des avortements d'avoir l'autorisation de faire admettre des patients dans un hôpital voisin ; et (2) imposé que les cliniques de planification familiale et de soins prénataux pratiquant des avortements répondent aux normes exigées des hôpitaux. De telles contraintes ne sont pas imposées aux cliniques qui pratiquent des procédures médicales plus dangereuses comme la colonoscopie, l'amygdalectomie et la chirurgie dentaire.

Cette victoire pour les droits des femmes ouvre la voie à des luttes visant à stopper des lois anti-ouvrières semblables en Alabama, au Mississippi, au Wisconsin et dans d'autres États.

ainsi que des mobilisations incessantes contre la guerre meurtrière de Washington au Viêt-nam. Ces batailles ont à leur tour donné une impulsion à une nouvelle vague d'actions et de prise de conscience autour de la lutte pour les droits des femmes.

Mais lorsque la Cour suprême a rendu sa décision sur le droit à l'avortement en 1973, les juges ont reculé. Ils ont refusé de s'appuyer sur le jugement qu'ils avaient rendu à peine deux ans auparavant qui établissait la protection égale des femmes devant la loi. Ils ont plutôt produit *Roe contre Wade*, qu'un ancien procureur général a dit se lire davantage « comme un ensemble de règlements hospitaliers. »

Depuis, les gouvernements des États ont rajouté plus de 700 lois qui érigent des obstacles à l'exercice de leur droit constitutionnel par les femmes : restrictions sur l'âge, « consentement » des parents, périodes d'attente plus longues, services de « conseil » obligatoires sur les

« alternatives », sécurité et beaucoup d'autres. Le Congrès et la Maison-Blanche ont interdit (1) le financement fédéral des avortements dans le cadre de *Medicaid*, même dans le cas de ceux qui sont « médicalement nécessaires » (amendement Hyde de 1976) ; (2) la couverture par l'assurance maladie fédérale des avortements pour les femmes dans les forces armées (sauf en cas de viol ou d'inceste ou de danger pour la vie de la femme) ou l'utilisation des équipements médicaux militaires pour la procédure, même si celle-ci est payée par d'autres moyens ; et (3) le financement par le gouvernement US de programmes « d'aide étrangère » si ces programmes comprennent une aide liée à l'avortement (amendement Helms de 1973).

Ces « restrictions » ont eu énormément de conséquences négatives. Parmi celles-ci, il n'y a aujourd'hui aucun centre médical offrant des avortements dans un tiers de toutes les villes et dans près de 90 pour cent des comtés des États-Unis — *90 pour cent* ! Il en résulte que le seul coût de déplacement additionnel pénalise lourdement les femmes de la classe ouvrière et celles qui vivent à la campagne dans leur accès à cette procédure médicale.

Extension et défense du suffrage universel

Adoptée par le Congrès contre le véto du président Andrew Johnson, la Loi de la reconstruction de 1867 a contribué à faire avancer la bataille pour le suffrage des hommes noirs à travers la Confédération vaincue en en faisant une condition à la réadmission des États dans l'Union. Le quatorzième amendement ratifié un an plus tard comprenait aussi des dispositions qui pénalisaient tout État refusant le droit de vote aux esclaves affranchis ou à tout autre citoyen mâle des États-Unis sous la juridiction de cet État.

« Des batailles sanglantes pour défendre le droit de vote ont été livrées dans les États de l'esclavocratie vaincue. Mais il a fallu la dynamique politique de la Reconstruction radicale pour donner le droit de vote aux Noirs dans les autres États. »

À GAUCHE : A.R. WAUD/HARPER'S WEEKLY. EN MÉDAILLON : ARCHIVES DE L'ÉTAT DU MARYLAND

En haut. Une populaire revue américaine dépeint des esclaves affranchis votant pour la première fois en novembre 1867. Comme condition d'adhésion à l'Union, la Loi de la reconstruction adoptée la même année par le gouvernement fédéral a imposé aux anciens États confédérés de reconnaître le suffrage aux hommes noirs.

En médaillon. Le 19 mai 1870. Représentation d'une marche longue de près de dix km à Baltimore dans le Maryland, la plus importante manifestation parmi plusieurs autres du genre célébrant l'adoption du quinzième amendement qui interdit au gouvernement fédéral et à ceux des États de refuser le droit de vote « en raison de la race, de la couleur ou d'une condition de servitude antérieure. » Les assemblées législatives des États de New York, de l'Ohio et de la Californie ont au début rejeté cet amendement.

Dans la décennie qui a suivi, les dirigeants politiquement les plus avancés des gouvernements de la Reconstruction radicale dans les États de l'esclavocratie vaincue ont organisé et appelé à des batailles sanglantes pour *défendre* et *exercer* le droit de vote. Mais il a fallu la dynamique politique de la Reconstruction radicale pour donner le droit de vote aux Noirs dans les autres États de l'Union.

Parmi d'autres, les assemblées législatives des États de New York, du New Jersey, de l'Ohio et de la Californie ont au début rejeté le quinzième amendement à la Constitution, qui déclare qu'aucun gouvernement fédéral ou d'État ne peut nier ou restreindre le droit de vote « sur la base de la race, de la couleur ou d'une condition antérieure de servitude. » Finalement ratifié en 1870, cet amendement et la lutte pour l'obtenir ont à leur tour donné une impulsion pour étendre le droit de vote aux femmes 50 ans plus tard, ce que le dix-neuvième amendement a codifié.

Mais la bourgeoisie US a trahi la Reconstruction radicale à la fin des années 1870 et le grand mouvement des travailleurs et des agriculteurs n'était pas encore assez fort pour défendre, encore moins étendre ces acquis. Devant ces échecs, un règne de terreur contre les Noirs s'est imposé pendant près d'un siècle à travers le Sud, qui a conduit dans un État après l'autre à l'imposition de la ségrégation raciste de Jim Crow. C'est le modèle dont s'est inspiré par la suite l'infâme système de l'apartheid en Afrique du Sud. Impôts pour avoir le droit de vote, tests d'« alphabétisation », innombrables restrictions de toute sorte — et avant tout, *lynchages et passages à tabac brutaux* — voilà ce qui servait à terrifier les Africains-Américains pour les empêcher d'aller voter.

La contre-révolution a aussi eu des conséquences mortelles pour des dizaines de milliers de travailleurs chinois aux États-Unis. Concentrés sur la côte Ouest, ceux-ci ont été la cible de pogroms, de nombreuses lois des États limitant les endroits où ils pouvaient habiter et les emplois qu'ils pouvaient exercer, ainsi que de lois interdisant aux Chinois d'entrer dans l'État. Adoptée en 1882, la Loi d'exclusion des Chinois du gouvernement fédéral est restée en vigueur jusqu'en 1943, lorsqu'elle a été abrogée dans le cadre d'une alliance de guerre contre le Japon avec les forces du Parti nationaliste (Kuomintang) en Chine.

En 1940, l'effet cumulatif de la défaite de la Reconstruction radicale était tel que seulement trois pour cent des Noirs dans les États de l'ancienne Confédération étaient inscrits sur les listes électorales. Il a fallu plus d'une décennie de manifestations de plus en plus puissantes et de batailles sanglantes dans les rues et les régions rurales dans les années 1950 et 1960 pour regagner le droit de vote pour les Noirs : des batailles qui ont brisé des barrières non seulement dans le Sud, mais aussi dans bien d'autres localités à travers les États-Unis [4].

---

4. Depuis 2010, plus d'une vingtaine d'États ont commencé à imposer des restrictions sévères au droit de vote qui visent particulièrement les Noirs. Celles-ci comprennent l'obligation de présenter des pièces d'identité, des échéances et autres limites pour s'inscrire sur la liste électorale, et la réduction du vote anticipé. Ces attaques se sont accélérées après un jugement de la Cour suprême en juin 2013, qui a invalidé un aspect clé de ce que les Américains africains avaient gagné avec l'adoption de la Loi sur le droit de vote de 1965. La cour a donné beaucoup plus de latitude aux gouvernements municipaux et des États pour changer les lois afin de limiter le droit de vote.

Sous l'impact des actions de protestation et d'une opposition bruyante, y compris au sein même des cercles politiques bourgeois, des tribunaux

Le système pénal d'injustice

Avec le soutien de la majorité des deux partis au Congrès, Clinton a signé des lois qui élargissent le nombre de peines de prison fédérales obligatoires et en augmentent la durée, réduisent les protections contre les fouilles et saisies arbitraires par les flics et les tribunaux, augmentent les saisies de biens *avant* procès et financent une augmentation record du nombre de flics dans la rue, encore plus armés pour tuer. Il a soutenu et entériné des lois qui élargissent le nombre de crimes fédéraux passibles de la peine de mort, ce qui lui a donné avec raison droit au titre honteux de « président de la peine de mort. »

Avant même d'entrer à la Maison-Blanche, à l'ouverture de la course à la nomination présidentielle du Parti démocrate de 1992, les Clinton — Bill et Hillary, au bras l'un de l'autre — se sont absentés de la campagne âprement disputée pour la primaire de l'État du New Hampshire afin de retourner en Arkansas, non pas pour y commuer la condamnation à mort de Ricky Ray Rector, un détenu atteint de lésions cérébrales, mais pour y présider de manière démonstrative à sa sinistre exécution.

Pour ne pas être en reste avec les Clinton, George Bush a suivi leur exemple alors qu'il était en campagne pour l'élection présidentielle de 2000. Pendant ces mois-là, l'État du Texas dont George Bush était alors le gouverneur a procédé au meurtre légal du plus grand nombre de détenus en une seule année dans un État depuis au moins un siècle. Ces

---

fédéraux ont invalidé en 2016 les restrictions en vigueur dans les États du Texas, du Dakota du Nord, du Wisconsin et de la Caroline du Nord. Des actions en justice ont entre autres été intentées contre des violations semblables au droit de vote en Alabama, au Missouri et en Géorgie.

40 mises à mort ne représentent que le quart des exécutions à avoir eu lieu pendant les six ans de Bush au siège de l'Assemblée de l'État.

Au cours des huit années de Clinton à la présidence, entre 1993 et 2001, le nombre de personnes enfermées derrière les barreaux dans les prisons US a bondi de près de 60 pour cent. Alors que les États-Unis représentent 5 pour cent de la population mondiale, ils détiennent aujourd'hui 25 pour cent des prisonniers du monde.

Comme c'est le cas à travers l'histoire, l'écrasante majorité de ceux qui sont incarcérés sont des travailleurs, avec une « justice » qui sévit de façon disproportionnée contre ceux qui sont noirs, latinos ou autochtones. Aujourd'hui, un jeune Noir sur trois est en prison, en libération conditionnelle ou en liberté surveillée. Avec des effets déshumanisants conçus pour vous faire sentir impuissant et bon à rien, le confinement aux cellules et l'isolement cellulaire deviennent de plus en plus la norme.

La Loi de 1994 sur le contrôle des crimes violents et sur l'application de la loi de l'administration Clinton a accéléré l'expansion déjà très rapide de la population carcérale aux États-Unis. Entre autres dispositions, cette loi a :

- Puni beaucoup plus sévèrement les personnes condamnées pour possession de crack que celles trouvées en possession de cocaïne en poudre, ce qui a conduit à un nombre disproportionné de condamnations et de longues peines pour les Américains africains (alors que ceux-ci ne consomment ni ne vendent plus de drogues illégales que le restant de la population US) ;
- Mis en place des peines minimales obligatoires, dont la loi fédérale des « trois prises, c'est un retrait » imposant la prison à vie sans possibilité de libération conditionnelle

Les États-Unis : plus grand geôlier…

Les États-Unis ont le taux d'incarcération le plus élevé au monde. En 2015, quelque 1,5 million de personnes se trouvaient dans les prisons fédérales ou d'États (voir ci-dessous) ; 750 000 autres dans les prisons municipales ; et 4,8 millions étaient en libération conditionnelle ou surveillée. Quelque 40 pour cent des gens derrière les barreaux sont noirs.

Les lignes foncées font ressortir l'augmentation de près de 60 pour cent de la population carcérale aux États-Unis pendant les seules années de l'administration Clinton.

Détenus dans les prisons fédérales et d'État, 1925-2014

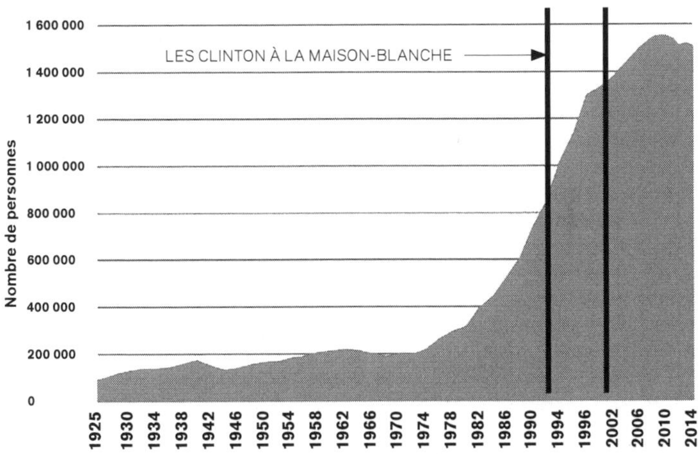

SOURCE : THE SENTENCING PROJECT ; BUREAU DE LA JUSTICE DES ÉTATS-UNIS

…et bourreau du monde

Entre 2007 et 2015, 365 personnes ont été exécutées aux États-Unis. Hillary Clinton, la candidate présidentielle du Parti démocrate, soutient toujours l'utilisation de cet instrument de terreur contre les travailleurs et les agriculteurs, tout comme son opposant républicain Donald Trump et l'actuel président Barack Obama.

« Les États-Unis représentent 5 pour cent de la population mondiale, mais détiennent 25 pour cent des prisonniers du monde. »

En haut. En septembre 1994, Clinton signe la Loi sur le contrôle des crimes violents et sur l'application de la loi. Cette loi a augmenté à soixante le nombre de délits passibles de la peine capitale ; imposé des peines de prison obligatoires au niveau fédéral ; multiplié les fouilles arbitraires ; et débloqué des milliards de dollars pour embaucher plus de flics et construire plus de prisons.

En médaillon. Atteint de lésions cérébrales, Ricky Ray Rector (à gauche) a été exécuté en Arkansas pendant la campagne présidentielle de 1992. Bill Clinton, alors gouverneur de État, et la première dame de l'Arkansas, Hillary Clinton, ont suspendu leur campagne pour présider à l'exécution.

aux individus ayant déjà deux condamnations pour trafic de drogue ou certains autres crimes ;

- Autorisé à partir de l'âge de 13 ans de poursuivre comme des adultes les adolescents accusés de divers crimes où la violence a été employée ;
- Étendu l'application de la peine de mort fédérale à un total d'une soixantaine de délits ;
- Augmenté les peines pour des délits en lien avec l'immigration, dont le refus d'obtempérer à un ordre d'expulsion du territoire ou le fait de revenir au pays après expulsion ;
- Retiré aux détenus l'éligibilité aux bourses fédérales d'études supérieures (suivi en 1998 par l'adoption de deux lois approuvées par Clinton : l'une qui refuse des bourses fédérales d'études supérieures aux anciens détenus condamnés pour stupéfiants ; l'autre qui nie l'accès à l'aide fédérale au logement aux familles dont un membre a un « casier judiciaire » même s'il n'a pas été condamné, ou expulse ces familles de ces logements) ; et
- Autorisé le financement fédéral additionnel de plus de 100 000 flics lourdement armés dans les rues des villes à travers les États-Unis.

Il est aussi nécessaire pour les travailleurs ayant une conscience de classe de reconnaître, expliquer et dénoncer le scandale que représente le fait que le droit de vote des travailleurs n'est remis en cause nulle part ailleurs autant que dans les prisons US. Le gouvernement fédéral et 48 des 50 États interdisent le droit de vote aux prisonniers condamnés pour crime majeur pendant leur incarcération (et beaucoup aussi lorsqu'ils sont en liberté conditionnelle ou surveillée). Douze États privent certaines personnes de leur droit de vote même lorsqu'elles *ne sont plus* derrière les barreaux ou en liberté conditionnelle ou surveillée, dans plusieurs cas *de manière permanente* [5].

Aucun être humain n'est « illégal »

En 1996, William Clinton a signé et promulgué la Loi sur la réforme de l'immigration illégale et sur la responsabilité des immigrés adoptée par le Congrès républicain. Cette loi au nom condescendant étend les pouvoirs du Service de l'immigration et de la naturalisation (INS) de rafler et expulser du pays sans droit de recours ou d'appel judiciaires les immigrés accusés d'être « illégaux [6] ». Simultanément,

---

5. Tout ceci serait impardonnable même si on ne refusait ainsi le droit de vote qu'à une poignée de travailleurs et d'autres condamnés. Mais ce n'est pas le cas. En 2016, près de six millions de personnes — quelque 2,5 pour cent de la population adulte aux États-Unis — avaient perdu leur droit de vote de façon temporaire ou permanente à cause d'une condamnation pour délit majeur. En 2010, le vote était interdit de cette façon à plus de sept pour cent de la population adulte des États de l'Alabama, de la Floride, du Kentucky, du Mississippi, du Tennessee et de la Virginie. Au niveau national, plus de huit pour cent des hommes américains africains n'ont pas le droit de vote, avec un taux qui va de 20 à 23 pour cent en Floride, au Kentucky et en Virginie !

En août 2016, le gouverneur de la Virginie, Terry McAuliffe, a redonné le droit de vote par décrets exécutifs individuels à 13 000 anciens détenus. La Cour suprême de l'État avait précédemment invalidé son ordre général redonnant le droit de vote à 206 000 anciens prisonniers. Mais la loi de la Virginie qui prive de façon permanente de leur droit de vote les personnes condamnées pour délit majeur (à moins que l'interdiction ne soit levée par le gouverneur) reste en vigueur.

6. En mars 2003, dans le cadre de la réorganisation après le 11 septembre des agences de police et d'espionnage fédérales, les fonctions d'État effectuées par l'INS ont été transférées du département de la Justice au département nouvellement créé de la Sécurité intérieure et réparties entre trois corps : le Service US de l'immigration et du contrôle des douanes (ICE) ; le Service US des douanes et de la protection des frontières (CPB) ; et le Service US de la citoyenneté et de l'immigration (USCIS).

Expulsions, « E-Verify » et *la migra*

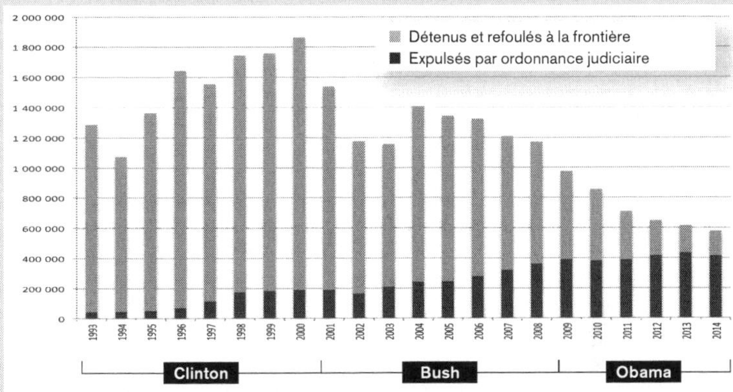

BUREAU DES STATISTIQUES SUR L'IMMIGRATION US, AOÛT 2016

AVEC LA PERMISSION DU CONSEIL AMÉRICAIN SUR L'IMMIGRATION

Des immigrés arrivant sans papiers aux États-Unis peuvent être détenus — parfois, pendant plus d'un an — dans de glaciales cellules de ciment, sans ressources adéquates en literie, nourriture, eau, soins médicaux, douches et toilettes. **En haut.** Le centre de détention de Douglas, en Arizona, en septembre 2015.

Les responsables de l'immigration aux États-Unis divisent en deux catégories ce que la plupart d'entre nous appellent « expulsions » : « déplacements » (immigrés expulsés par ordonnance judiciaire et susceptibles d'être accusés de crime s'ils reviennent) et « renvois » (individus refoulés à la frontière ou expulsés sans ordonnance du tribunal).

Les expulsions ont atteint un total record de plus de 1,8 million en 2000, la dernière année passée par les Clinton à la Maison-Blanche. Ce chiffre est tombé à 600 000 en 2014. La principale raison pour cette baisse, c'est que moins de gens émigrent aux États-Unis à cause de la crise économique capitaliste. En fait, à cause du taux élevé de chômage, depuis 2009 plus de Mexicains *sont retournés* au Mexique à partir des États-Unis que ceux qui ont émigré au nord de la frontière.

Les ordonnances de « déplacement » ont atteint des niveaux record pendant les premiers cinq ans de l'administration Obama. Plus de travailleurs nés à l'étranger ont perdu leurs emplois et ont été contraints de quitter les États-Unis à la suite d'un contrôle de numéros de Sécurité sociale effectué dans le cadre du programme « E-Verify » que lors des rafles d'usine exécutées par la détestée *migra* des années Clinton et Bush. Ces rafles sont devenues contre-productives pour la classe dirigeante US à la suite des manifestations de 2006-2007 impliquant des millions d'immigrés et leurs partisans et à la suite des nombreuses actions de protestation effectuées par les travailleurs contre les attaques des unités d'intervention tactique des flics de l'immigration sur les lieux de travail.

Le nombre moyen d'hommes, femmes et enfants immigrés emprisonnés dans quelque 200 misérables centres de détention à travers les États-Unis a augmenté de 8 000 par jour en 1996 à 34 000 en 2014.

la Maison-Blanche et le Congrès ont financé l'expansion de la détestée *migra*, qui est ainsi devenue la plus importante agence policière fédérale. Celle-ci a multiplié à des niveaux record au cours des dernières années les descentes dans les usines et les expulsions du pays.

Loin de chercher à arrêter l'afflux aux États-Unis de travailleurs en provenance des Amériques et d'ailleurs, la classe dirigeante a besoin des travailleurs immigrés comme un réservoir de travail surexploitable. Elle vise par ses mesures répressives à augmenter l'insécurité et la peur parmi ces derniers. Le maintien d'un statut de deuxième classe pour les immigrés est une des façons pour les employeurs de promouvoir la concurrence et les conflits entre travailleurs, ce qui leur permet de faire pression sur les salaires et les conditions de toute la classe ouvrière et de diviser et affaiblir davantage les syndicats et les efforts de syndicalisation des non-syndiqués.

En vertu des dispositions de type inquisitorial de la Loi contre le terrorisme et pour une peine de mort efficace adoptée en 1996 (encore une fois, à lui seul le nom est une condamnation de ses auteurs dans la classe dirigeante), le gouvernement US a intensifié la « détention préventive » d'individus à partir de « preuves secrètes. » La plupart sont des immigrés originaires de pays arabes ou d'autres pays à majorité musulmane accusés d'avoir des liens avec des « organisations terroristes » — le mot de code que les dirigeants US utilisent de plus en plus pour justifier aussi bien leurs attaques contre les droits démocratiques ici que leurs frappes militaires à l'étranger (en fait, des massacres aériens de masse).

La Loi contre le terrorisme et pour une peine de mort efficace affaiblit aussi considérablement les protections vieilles de plusieurs siècles assurées par l'habeas corpus. Ceci rend beaucoup facile aux juges fédéraux, y compris de la Cour suprême, de refuser de libérer ou de commuer la peine de prisonniers présentant des preuves qu'ils ont été incarcérés ou condamnés à mort de manière erronée. Entre autres choses, la loi nie aux prisonniers en attente d'être exécutés le droit de présenter plus d'une requête en habeas corpus pour un examen de leur cause par les tribunaux fédéraux — « une prise » et vous êtes retiré.

Combinée à la Loi sur la réforme de l'immigration illégale et sur la responsabilité des immigrés, cette loi a eu pour effet de faire bondir à quelque 20 000 au début du nouveau siècle le nombre des immigrés détenus chaque jour dans les prisons de l'immigration US en attente d'une décision sur une menace d'expulsion. C'est une augmentation de 245 pour cent rien que depuis 1996.

Aussi un président de guerre

Pendant les jours qui ont précédé l'inauguration de Clinton en janvier 1993, l'administration républicaine sortante de George H. W. Bush a bombardé l'Irak comme elle l'avait fait pendant près de deux ans depuis le « cessez-le-feu » dans la Guerre du golfe menée par les États-Unis en 1991. La nouvelle administration démocrate a repris ces attaques dès la semaine suivante. En fait, des civils irakiens se font tuer chaque mois dans des raids US intermittents depuis la guerre de 1991 et un nombre plus important ont été blessés, beaucoup mutilés à vie.

La campagne militaire de Washington contre le peuple irakien devrait nous rappeler un point développé dans le témoignage du général cubain José Ramón Fernández en juillet 1999 devant le Tribunal provincial populaire de la ville de La Havane. Le tribunal était saisi d'un procès intenté par huit organisations cubaines qui exigeaient que le gouvernement US paie des dommages pour les milliers de morts et les milliards de dollars en destruction physique causés par les efforts déployés pendant des décennies par Washington pour renverser la révolution cubaine par la force et la violence.

Le général cubain a expliqué que pendant l'invasion mercenaire organisée par le gouvernement US à la baie des Cochons, Washington avait fourni du napalm aux mercenaires, que ceux-ci ont utilisé contre les travailleurs cubains de la milice, des forces armées et de la police qui défendaient la souveraineté et l'intégrité territoriale de Cuba, sa révolution socialiste. Les 1 500 envahisseurs ont été défaits en moins de 72 heures de combat, dans ce que les Cubains appellent la bataille de Playa Girón.

Citant le récit publié d'un des pilotes mercenaires, Fernández a expliqué que les avions des envahisseurs transportaient trois tonnes de bombes au napalm. Celles-ci répandent une gelée incendiaire qui colle à la peau des êtres humains, les brûlant et les asphyxiant. Le général a rappelé au tribunal de La Havane que les conventions de guerre internationales signées par les gouvernements à travers le monde (y compris Washington) interdisent l'utilisation « d'armes et projectiles ou matériaux destinés à causer ce genre de mal, qui est contraire aux lois normales de l'humanité. Mais c'était précisément le type de bombes utilisées par les forces armées des États-Unis [7]. »

Dans la mesure où beaucoup d'entre nous connaissent l'utilisation du napalm par les dirigeants US, nous l'associons souvent de manière exclusive aux souffrances monstrueuses infligées par Washington et ses alliés à des dizaines de milliers

7. La déposition du général de brigade José Ramón Fernández est disponible dans *Playa Girón/Bay of Pigs: Washington's First Military Defeat in the Americas* [Playa Girón/Baie des Cochons : la première défaite militaire de Washington dans les Amériques], Pathfinder, 2001.

d'êtres humains durant la guerre du Viêt-nam. Mais l'impérialisme US a aussi abondamment utilisé le napalm contre les Japonais dans le Pacifique et lorsque Washington a complètement rasé de manière barbare le nord de la Corée quelques années plus tard. L'impérialisme français l'a aussi utilisé au cours des guerres qu'il a perdues à essayer d'écraser les luttes d'indépendance algérienne et vietnamienne.

Nous pourrions donner plusieurs autres exemples de cette politique de guerre bipartite truffée d'atrocités.

Même si Bush n'arrive pas tout à fait à égaler le bilan de Clinton, le président le plus hostile à une patrie palestinienne en un demi-siècle, la nouvelle administration poursuivra néanmoins le cours de son prédécesseur : elle soutiendra le rejet par Tel Aviv des droits nationaux des Palestiniens, ainsi que ses attaques sanglantes et sa politique de punition collective des jeunes et des travailleurs arabes qui luttent pour cet objectif.

L'administration Clinton a aussi dirigé les efforts des classes dirigeantes impérialistes US et européennes pour restaurer des relations sociales capitalistes en Russie et dans les autres anciennes républiques de l'Union soviétique, ainsi qu'à travers l'Europe orientale et centrale. C'était la grande époque de ce qu'ils ont appelé la « thérapie de choc » par la privatisation dans ces pays, avec des effets dévastateurs sur la vie de millions de travailleurs et d'agriculteurs et l'enrichissement soudain d'une poignée de privilégiés (ce qui comprend quelques professeurs d'Harvard et autres « conseillers économiques, » « investisseurs » et « entrepreneurs » US qui sont devenus aussi riches que des voleurs — ce qu'ils sont).

Washington a présidé à la destruction systématique de l'unification nationale conquise par la révolution yougoslave

Expansion de l'OTAN et provocations balistiques US

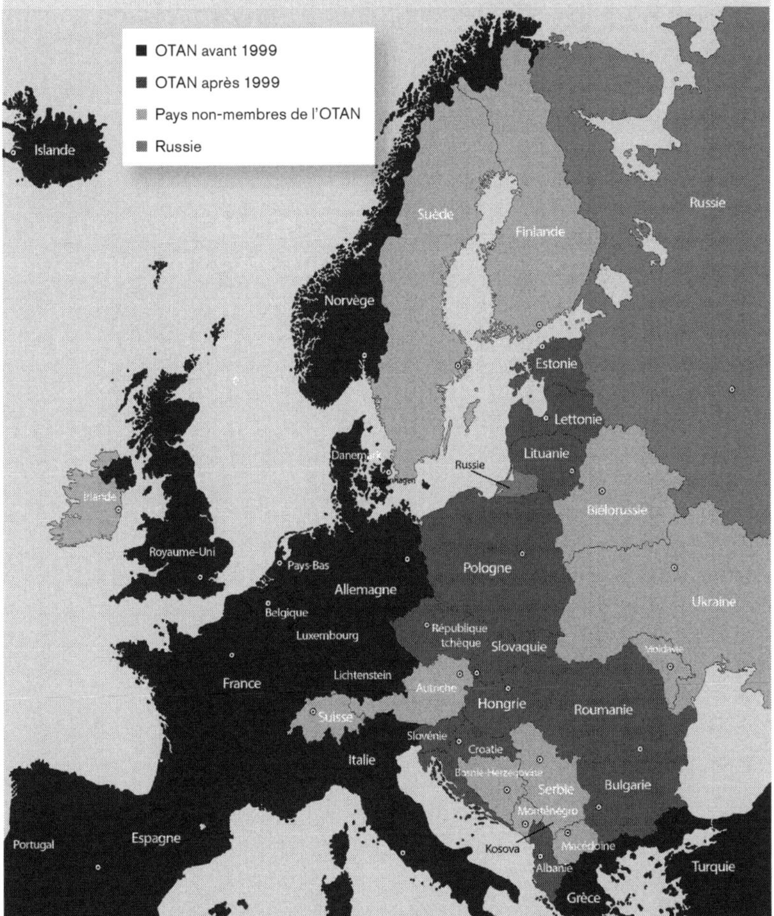

Depuis 1991, douze pays de l'Europe orientale et centrale ont été incorporés à l'alliance militaire impérialiste de l'OTAN. Il s'agit des trois pays baltes qui ont une frontière commune avec la Russie — l'Estonie, la Lettonie et la Lituanie — ainsi que l'Albanie, la Bulgarie, la Croatie, la Hongrie, la Pologne, la République tchèque, la Roumanie, la Slovaquie et la Slovénie.

(VOIR PAGE SUIVANTE)

Avec l'annexion brutale de la Crimée par Moscou en 2014 et son maintien de la pression militaire à la frontière entre l'Ukraine et la Russie, un sommet de l'OTAN en juillet 2016 a violé de manière provocative un accord de 1997 de l'OTAN avec la Russie « sur les relations, la coopération et la sécurité mutuelles. »

Washington et les autres membres de l'OTAN ont promis que l'alliance « remplira sa mission de défense collective et ses autres missions » par des moyens autres qu'« un stationnement permanent supplémentaire d'importantes forces de combat » près des frontières de la Russie. Pour justifier cette transgression de l'accord, le sommet de juillet 2016 a annoncé que l'OTAN effectuerait une « rotation » permanente pouvant aller jusqu'à 4 000 soldats US, allemands, britanniques et canadiens entre l'Est de la Pologne et les États baltes.

En juin 2002, l'administration Bush s'est retirée du Traité de limitation des missiles antibalistiques de 1972 avec Moscou. La Maison-Blanche a mis en oeuvre des plans visant à déployer des systèmes terrestres de missiles antibalistiques en Europe de l'Est, Alaska et Californie, ainsi que des systèmes terrestres et navals en Asie.

L'administration de Barack Obama a déployé un système terrestre de missiles antibalistiques en Roumanie en 2016 et un autre est prévu en Pologne en 2018. Un système de missiles antibalistiques visant la Corée du Nord, la Chine et la Russie sera opérationnel en Corée du Sud en 2017.

Aucun de ces systèmes antibalistiques ne donne de près ou de loin à Washington la capacité de stopper dans leur phase ascendante ou plus tard des missiles balistiques intercontinentaux lancés de Russie ou de Chine. Aucun ne donne donc aux dirigeants US une capacité de première frappe nucléaire. Qui plus est, il n'y a aucune raison de croire qu'il s'agit là d'un objectif atteignable dans un avenir prévisible, avant tout pour des raisons politiques.

en démantelant ce pays selon des divisions nationales et religieuses vieilles de plusieurs siècles. En 1994-1995 et encore en 1999, les dirigeants US et leurs partenaires de l'OTAN ont lancé des missiles de croisière et effectué des bombardements aériens de longue portée contre les travailleurs et agriculteurs en Serbie, en Bosnie, au Kosova et ailleurs dans l'ancienne Yougoslavie.

En le faisant, Washington a renforcé la position d'après-guerre de l'impérialisme US comme puissance militaire « européenne » dominante.

Sous Clinton, l'expansion de l'OTAN a élargi la portée de la puissance armée de l'impérialisme US de plus en plus près des frontières de la Russie en intégrant trois anciens pays du pacte de Varsovie : la République tchèque, la Hongrie et la Pologne. Pendant la campagne présidentielle de 2000, George W. Bush et son opposant démocrate Albert Gore ont tous les deux prôné une nouvelle expansion. Les prochains pays dans la file d'attente — les anciennes républiques baltes (la Lituanie, la Lettonie et l'Estonie, qui ont toutes été militairement annexées sous la direction de Staline en 1940) — rapprocheront encore plus des principaux centres urbains en Russie la pression militaire de l'impérialisme US.

La Maison-Blanche de Clinton a déjà lancé des plans visant à construire en Alaska un système de missiles antibalistiques (ABM). Ce dernier servira de point de départ au déploiement accru de missiles par la nouvelle administration Bush, sur terre et à bord de sous-marins. Avec le soutien bipartite du Congrès, ces initiatives visent à utiliser la puissance militaire US comme levier pour accroître la domination politique de la classe dirigeante des États-Unis face aux autres puissances européennes qui ont

« Washington a présidé à la destruction systématique de l'unification nationale conquise par la révolution yougoslave en démantelant ce pays selon des divisions nationales et religieuses vieilles de plusieurs siècles. »

GETTY IMAGES

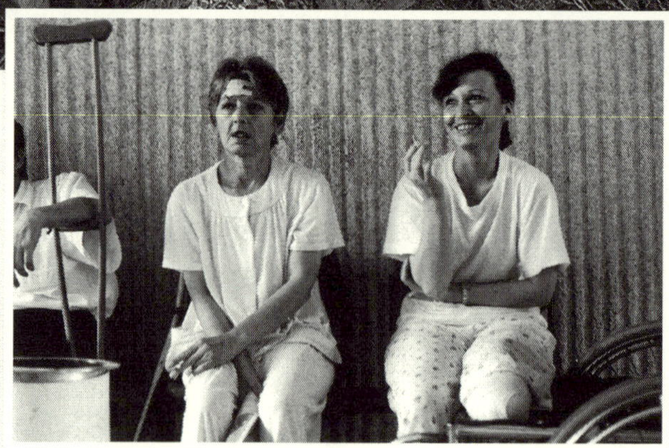

ARGIRIS MALAPANIS/THE MILITANT

« Les dirigeants US et leurs partenaires de l'OTAN ont lancé des missiles de croisière et effectué des bombardements aériens de longue portée contre les travailleurs et agriculteurs en Serbie, en Bosnie et au Kosova dans l'ancienne Yougoslavie. »

En haut. Aleksinac en Yougoslavie, une ville minière bombardée le 5 avril 1999 par les forces US et de l'OTAN. Les raids ont détruit un quartier ouvrier, tuant 17 civils et blessant 40 autres personnes.

En médaillon. Hôpital de Sarajevo en Yougoslavie, juillet 1992. L'infirmière de droite a perdu sa jambe quand les forces serbes soutenues par Belgrade en Bosnie ont bombardé une file d'attente pour de la nourriture.

développé des arsenaux nucléaires : pas seulement Paris et Londres, mais d'abord et avant tout Moscou.

De façon plus immédiate, un système de missiles antibalistiques US visera la Chine et la Corée du Nord, deux pays en Asie qui ont renversé le joug impérialiste il y a un demi-siècle. Washington a déjà des centaines de missiles à ogive nucléaire pointés sur ces deux pays. En même temps, les dirigeants US sont, lentement mais sûrement, en train d'impliquer Tokyo dans le monde des armes et des vecteurs nucléaires.

En outre, Washington cherche à terroriser tout gouvernement d'un pays semi-colonial — Irak, Iran, Inde, Pakistan — ayant construit un système de défense balistique qui pourrait être utilisé contre une future agression impérialiste.

En défense de la révolution socialiste à Cuba

Le meeting aujourd'hui fête le quarantième anniversaire de la victoire remportée le 19 avril 1961 par les défenseurs cubains à Playa Girón contre la force d'invasion mercenaire organisée et financée par le gouvernement des États-Unis. Pendant ces quatre décennies, l'agression économique, politique et militaire incessante de Washington contre la révolution cubaine a reçu un soutien bipartite écrasant.

En octobre 2000, au cours de ses derniers mois en fonction, Clinton a signé un projet de loi sur les crédits agricoles qui, en plus de remplir encore une fois les poches de l'industrie agro-alimentaire et des agriculteurs capitalistes aux dépens des petits agriculteurs et des travailleurs agricoles, comporte une clause additionnelle transformant en loi fédérale des restrictions administratives de longue date

Victoire dans la lutte internationale pour libérer les Cinq Cubains

ESTUDIOS REVOLUCIÓN

RODOLFO BLANCO / AIN

En haut. Le président cubain Raúl Castro (en uniforme) avec, à partir de la gauche, Fernando González, Ramón Labañino, Gerardo Hernández, Antonio Guerrero et René González. **En médaillon.** Célébration de la victoire à Camagüey, Cuba.

En juin 2001, chacun des cinq révolutionnaires cubains a été reconnu coupable de toutes les accusations portées contre eux, ce qui comprend dans le cas de Gerardo Hernández celle de « conspiration pour meurtre. » Les cinq ont reçu des sentences allant de 15 ans à deux peines de prison à perpétuité plus 15 ans. En 2013 et au début de 2014, Fernando González et René González avaient purgé la totalité de leurs peines et sont retournés à Cuba.

À travers les efforts du gouvernement cubain et d'une campagne internationale de défense qui bénéficiait d'un large soutien, Gerardo Hernández, Ramón Labañino et Antonio Guerrero — les trois toujours emprisonnés en sol US — ont obtenu leur liberté le 17 décembre 2014. Washington a commué leurs sentences et des millions de Cubains sont descendus dans les rues pour les accueillir.

Le même jour, le président cubain Raúl Castro et le président des États-Unis Barack Obama ont annoncé que les relations diplomatiques entre Cuba et les États-Unis, rompues par les dirigeants US en 1961, allaient être rétablies. Obama a reconnu que des décennies d'efforts pour étrangler économiquement Cuba n'avaient pas réussi à atteindre l'objectif US, qui est de renverser la révolution socialiste, et qu'il était temps d'essayer « quelque chose de différent. » Malgré tout, l'embargo brutal de Washington reste en vigueur et le gouvernement US occupe toujours le territoire et le meilleur port de Cuba à Guantánamo, dans la région la plus à l'est de l'île — le berceau des trois révolutions cubaines au dix-neuvième et au vingtième siècles.

sur les voyages à Cuba. Désormais, les résidents des États-Unis qui visitent Cuba risquent non seulement des peines civiles, mais aussi criminelles.

Parmi les autres gestes hostiles à la révolution cubaine posés par Clinton pendant ses huit ans au pouvoir, des gestes trop nombreux pour être passés en revue, il a entériné en 1996 la soi-disant Loi de la liberté et de la solidarité démocratique à Cuba, aussi connue comme la loi Helms-Burton, qui a intensifié la guerre économique des États-Unis contre Cuba. Quatre ans plus tôt, en tant que candidat démocrate à la présidence en 1992, il avait sonné la charge en se faisant le champion d'un autre renforcement de la guerre économique de Washington contre Cuba, la soi-disant Loi de la démocratie cubaine ou loi Torricelli, que George Bush père, le président républicain alors en poste, a ensuite signée.

Dans une des attaques les plus démonstratives contre le peuple cubain et sa révolution, l'administration Clinton a fait emprisonner sous des accusations fabriquées cinq révolutionnaires cubains qui vivaient dans le sud de la Floride : Gerardo Hernández, Ramón Labañino, Antonio Guerrero, Fernando González et René González.

Au cours de descentes effectuées aux premières heures du jours en septembre 1998, le FBI a arrêté les cinq et les a accusés de faire partie d'un « réseau d'espionnage cubain » en Floride. Après 17 mois passés en isolement cellulaire dans « le trou » du Centre de détention fédérale de Miami, « les Cinq Cubains, » comme ils sont désormais connus, ont vu leur procès commencer en novembre 2000 sous plusieurs accusations, dont celles de complot pour espionnage et, dans le cas de Gerardo Hernández, de complot pour meurtre. Contrairement à ces accusations fabriquées, les cinq révolutionnaires gardaient en fait le gouvernement cubain informé sur les agissements de groupes contre-révolutionnaires aux États-Unis qui planifiaient des attentats terroristes contre Cuba et contre les défenseurs de la révolution cubaine aux États-Unis, à Porto Rico et ailleurs.

L'an dernier, en avril 2000, l'administration Clinton a exploité de manière cynique son refus pendant six mois de retourner Elián González, âgé de 6 ans, à Cuba — le pays de sa naissance, le pays où habitent son père, ses grands-parents et d'autres membres proches de sa famille — afin de rehausser l'image du Service de l'immigration et de la

Le quatrième amendement sous attaque

Dans le sillage des attaques du 11 septembre 2001, les administrations de George Bush et de Barack Obama ainsi que le Congrès ont poursuivi les empiètements sur les droits politiques de la Maison-Blanche des Clinton. Début 2005, le Directeur national du contre-espionnage a été placé sous les ordres d'un « tsar de l'espionnage » encore plus puissant, la fonction nouvellement créée de Directeur national du contre-espionnage (DNI). Le DNI est responsable devant le président de superviser et intégrer les opérations de 17 agences fédérales d'espionnage et de police, depuis la CIA et le FBI jusqu'aux branches des forces armées US.

Washington a accru l'interception des communications par téléphone, courrier électronique et Internet ; le suivi des transactions financières nationales et internationales ; la surveillance des listes de passagers des compagnies aériennes et d'autres modes de transport ; et l'espionnage des groupes politiques et des individus qui s'opposent aux politiques de Washington. Ces mesures ont été initialement promulguées dans le cadre du Patriot Act, adopté en 2001 avec seulement une voix « contre » au Sénat et 66 à la Chambre des représentants et renouvelé en 2011. Par la suite, elles ont été incorporées avec quelques modifications superficielles à la Loi de la liberté des USA, adoptée par une coalition bipartite au Congrès et signée par Obama en 2015.

naturalisation (INS) et d'établir des précédents légaux renforçant les pouvoirs répressifs de l'agence. Des commandos lourdement armés de *la migra* ont effectué un raid aux premières heures du jour dans une maison de Miami afin de s'emparer de l'enfant. Leur geste a non seulement renforcé les pouvoirs de la Patrouille des frontières, des pouvoirs qui sont employés jour après jour contre la classe ouvrière. Il a aussi porté un coup au droit que reconnaît le quatrième amendement de la Constitution à tous les résidents des États-Unis d'être à l'abri dans leurs maisons de toute perquisition et arrestation arbitraire.

En paroles et en actes, l'administration Bush met maintenant en oeuvre la promesse faite durant la campagne de poursuivre ce cours vieux de plusieurs décennies et visant d'une manière ou d'une autre à renverser la révolution socialiste à Cuba.

Un « tsar » pour espionner, aux États-Unis et à l'étranger

Durant les derniers jours de son mandat, William Clinton a émis une directive présidentielle créant la fonction de « tsar du contre-espionnage, » formellement le Directeur national du contre-espionnage, et Bush vient cette semaine même de nommer quelqu'un à cette nouvelle haute fonction d'espion.

D'après les informations de la presse, cette fonction « vise à faciliter un niveau de coopération jamais vu auparavant entre le FBI, la CIA et le Pentagone. Pour la première fois, elle impliquera le reste du gouvernement et le secteur privé aussi. » *Le secteur privé aussi ?* Quelles agences de police du « secteur privé » sont inclues ? Quelles agences de location de flics briseurs de grève seront maintenant plus couvertes et encouragées par le gouvernement fédéral ? Quels employeurs fouineurs de tout poil ?

Un reporter de la presse du grand capital couvrant la nouvelle fonction a écrit que celle-ci contraindra « le public américain à repenser des notions acceptées depuis longtemps sur ce qui constitue la sécurité nationale et les frontières autrefois clairement établies entre l'application de la loi au pays, la collecte de renseignements à l'étranger et le degré de préparation de la défense du pays. »

En bref, le tsar du contre-espionnage va intégrer les opérations « antiterroristes » de Washington : depuis l'Irak, la Corée et la Somalie jusqu'à la famille immigrée qui habite au coin de la rue. Il va intégrer la « guerre contre la drogue » menée par les dirigeants des États-Unis, des nouvelles bases militaires US en Colombie et en Équateur jusqu'aux quartiers ouvriers et vestiaires d'usine à travers l'Amérique du Nord. Il va centraliser informateurs, écoute électronique, espionnage du courrier postal et électronique, et bons vieux fouineurs et bavards de quartier. Il va concentrer les opérations de police secrète aussi bien contre les « ennemis » à l'étranger que contre le mouvement syndical et les organisations de protestation sociale aux États-Unis.

Qu'il s'agisse de l'accusation de « mettre en danger la sécurité nationale » ou de « trahir des secrets commerciaux, » les dirigeants US s'arrangeront pour trouver un coup monté qui tienne.

Je pose la question du nouveau tsar du contre-espionnage des administrations Clinton et Bush non pas parce qu'il y a une raison d'anticiper une grande vague de répression dans l'avenir immédiat. Mais la classe dirigeante US est déjà en train de changer de vitesse par rapport à la dernière décennie. Elle sait qu'elle devra affronter des batailles plus nombreuses et plus importantes à mesure que la concurrence capitaliste internationale la pousse à réduire radicalement les salaires, allonger la journée de travail, intensifier les cadences, réduire les protections assurées par la Sécurité sociale et s'attaquer davantage aux syndicats — partout dans le monde. Et elle se prépare à défendre ses intérêts de classe.

DEUXIÈME PARTIE

Les racines de la crise financière internationale de 2008

(Mai 2008)

DEUXIÈME PARTIE

Les racines de la crise financière internationale de 2008

(MAI 2008)

IL Y A MAINTENANT sept ans que les Clinton ont quitté la Maison-Blanche. À en croire Hillary Clinton, Barack Obama et l'ancien président lui-même, ce sont George W. Bush et le Parti républicain qui seraient responsables de presque tous les maux actuels : de la guerre en Irak, à la baisse des salaires réels et de l'emploi pour les travailleurs, jusqu'à l'orgie de destructions dans la haute finance et plus.

Dans la campagne électorale des primaires démocrates, « Bill » Clinton a modestement décrit les années pendant lesquelles lui et Hillary ont dirigé la Maison-Blanche, de 1993 à 2001, comme « les huit meilleures années que nous ayons connues dans l'histoire moderne. » (Oui, « nous ».)

Des courants dans le mouvement ouvrier comme le Parti communiste USA, ainsi que la plupart des autres radicaux de la classe moyenne et de ceux qui se décrivent comme des socialistes, colportent avec insistance cette même histoire que « Bush est le problème. » Tous voudraient nous faire croire que les républicains ont créé de toutes pièces la politique mise en oeuvre ici et à l'étranger depuis que Clinton a quitté la présidence en 2001.

Pour faire valoir leur point, les démocrates et leurs partisans comptent sur la soif de revenir au pouvoir des bourgeois qui l'ont perdu, un cycle qui a marqué le jeu capitaliste du bipartisme depuis beaucoup plus d'un siècle. Ils comptent aussi sur le manque de mémoire. Mais ce ne sont pas seulement les travailleurs ayant une conscience de classe qui ont une capacité d'attention historique plus grande que ça.

L'origine des éléments les plus importants de la politique intérieure et extérieure aujourd'hui largement attribués à l'administration Bush remonte aux années pendant lesquelles les Clinton « louaient » la chambre de Lincoln [1]. Robert Rubin était alors le secrétaire au Trésor, avant d'être remplacé par Lawrence Summers. Et Newt Gingrich était le président républicain de la Chambre des représentants.

L'impérialisme et la guerre

Une « guerre au terrorisme » a commencé bien avant le 11 septembre. À la suite de l'effondrement en 1991 du régime bureaucratique stalinien en Union soviétique et la désintégration du Pacte de Varsovie, l'administration Clinton a

1. De 1993 à 1996, plus de 800 « convives » de la Maison-Blanche invités par les Clinton à passer la nuit dans la chambre historique de Lincoln ont contribué au moins 5,2 millions de dollars US au Comité national démocrate. Ces contributeurs comprennent de riches financiers et PDG d'entreprises, ainsi que des célébrités comme Steven Spielberg et Barbra Streisand.

Quand cette arnaque de haut niveau pour vendre aux enchères l'accès politique à la Maison-Blanche a été étalée au grand jour en 1997, le président Clinton l'a défendue en disant : « C'était mes amis et j'étais fier de les recevoir ici. Et je ne crois pas que ceux qui recueillent légalement de l'argent pour les personnes qui se présentent aux élections sont mauvais. Je pense que ce sont de bonnes personnes. Ils font marcher le système que nous avons maintenant. » *Vous pouvez en être sûrs !*

La dépression à petit feu du capitalisme mondial

Croissance annuelle du PIB par habitant

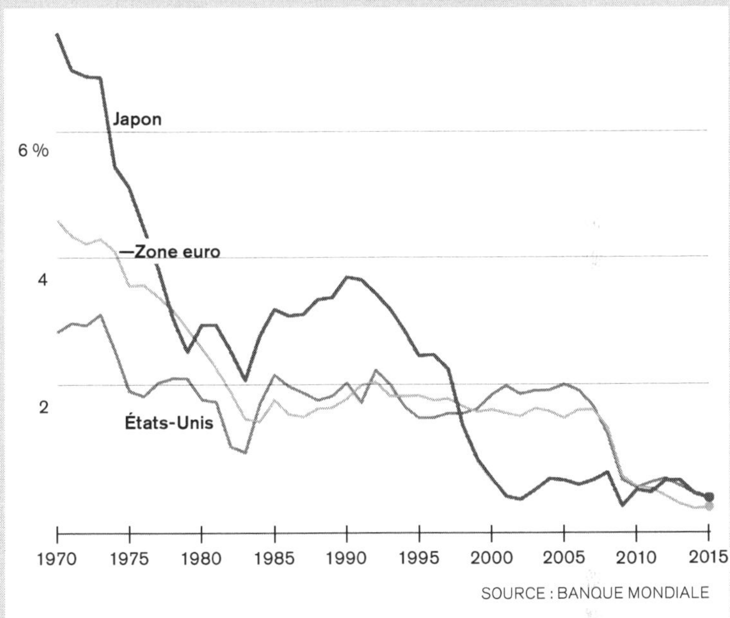

En 2016, la plupart des travailleurs éclateraient de rire avec dérision et dégoût si la présidence parlait des « huit meilleures années que nous ayons connues dans l'histoire moderne. » Mais ça n'a pas empêché Barack Obama et Hillary Clinton de débiter des sottises du genre : l'économie « va vachement bien en ce moment » (Obama, mars 2016) ou « notre économie est tellement plus forte » depuis l'élection d'Obama (Clinton au congrès démocrate de juillet 2016).

Les faits racontent une autre histoire. Depuis 2006, la croissance économique par habitant aux États-Unis (c'est-à-dire le changement annuel de ce que le gouvernement appelle le produit intérieur brut ou PIB) a chuté très en dessous de la moyenne annuelle de près de 4 pour cent des

50 années précédentes. Le taux de croissance annuelle par habitant depuis 2006 a augmenté en moyenne de moins de 0,5 pour cent — oui, *moins de la moitié de 1 pour cent par habitant par année*. Et le capitalisme US se porte mieux que la plupart de ses rivaux impérialistes en Europe, dans le Pacifique et en Asie.

De plus, l'investissement intérieur brut réel visant à augmenter les capacités de production sous forme d'usines, d'équipements et d'embauche a commencé à se contracter avant la crise de 2008-2009, tout comme les dépenses des gouvernements municipaux, des États et fédéral pour les routes, le transport en commun et les autres infrastructures.

jeté les bases des efforts de la bourgeoisie impérialiste pour « transformer », restructurer et renforcer sa position militaire, aussi bien à l'intérieur du pays qu'à l'étranger. Les mesures initiales ont compris l'adoption de nouvelles lois minant les droits constitutionnels des travailleurs aux États-Unis : de la détention sur la base de « preuve secrète » jusqu'à l'expulsion sans révision judiciaire ou pourvoi.

Les guerres menées par les États-Unis en Afghanistan (depuis septembre 2001) et en Irak (depuis mars 2003) ont chacune duré jusqu'à maintenant plus longtemps que l'engagement meurtrier de Washington durant la deuxième guerre mondiale. Et elles sont loin d'être terminées et loin d'être confinées à leurs arènes d'origine.

Les trois candidats à la présidence en 2008 — John McCain, qui a déjà obtenu la nomination républicaine, et les deux survivants des primaires démocrates, Hillary Clinton et Barack Obama — disent tous que le gouvernement US devrait déployer plus de soldats en Afghanistan et qu'il devrait l'avoir fait depuis longtemps. John McCain, qui réduit l'écart le séparant d'Obama et de Clinton dans les sondages, consacre énormément de sa campagne à se présenter comme le candidat dont l'appui vigoureux à la « poussée » en Irak et à son extension en Afghanistan offre les meilleures chances de ramener le plus rapidement au pays le plus grand nombre de soldats US.

Aucun de ces candidats capitalistes n'appuie le seul cours qui soit dans l'intérêt des travailleurs aux États-Unis et ailleurs dans le monde : le retrait immédiat et inconditionnel de toutes les troupes US de l'Irak et de l'Afghanistan, et de partout ailleurs où des soldats US sont déployés. Seul le Parti socialiste des travailleurs et nos candidats en 2008, Róger Calero à la présidence et Alyson Kennedy à la vice-présidence, font campagne pour ces revendications.

Préparer un « nouveau » démocrate

Avant l'élection de Clinton à la présidence en 1992, des secteurs dominants de la classe dirigeante US l'avaient préparé à mener les libéraux du Parti démocrate vers la droite, vers le « centre ».

Depuis le milieu des années 1970, quand la première récession mondiale depuis la deuxième guerre mondiale a frappé le capitalisme, la classe des employeurs a eu de moins en moins d'espace pour faire des concessions économiques et sociales substantielles au peuple travailleur. Clinton a eu pour tâche de distancer le Parti démocrate des programmes d'aide sociale de type « New Deal » que beaucoup de travailleurs associaient aux démocrates. Le parti s'en attribuait le mérite depuis que la montée des batailles ouvrières des années 1930 avait arraché des concessions à l'administration de Franklin D. Roosevelt pendant la grande dépression. Du New Deal à la « Grande société » de Lyndon

EN HAUT : WILLY COTTON/THE MILITANT. EN MÉDAILLON : CLAY DENNISON/THE MILITANT

« Aucun des candidats capitalistes n'appuie le seul cours qui soit dans l'intérêt des travailleurs partout dans le monde : retrait immédiat et inconditionnel des soldats US de tous les pays où ils sont déployés. »

En haut. Washington, D.C., mars 2009. Dan Fein (au centre), candidat du Parti socialiste des travailleurs à la mairie de New York, participe à un rassemblement contre les guerres US en Irak et en Afghanistan.

En médaillon. Seattle, août 2015. Mary Martin (au mégaphone), candidate du Parti socialiste des travailleurs comme gouverneure de l'État de Washington, lors d'un rassemblement pour défendre la lutte des Kurdes pour leur liberté.

Johnson au milieu des années 1960, ces programmes ont été le ciment qui a maintenu ensemble la coalition disparate du Parti démocrate.

Tout en s'enveloppant dans le manteau « progressiste » des démocrates, l'administration Clinton a entrepris de changer le caractère du parti à un tel point que ce qui avait été son « centre » modéré dans le passé allait devenir sa grande majorité et redéfinir ce qu'est un démocrate libéral. L'apprentissage de Clinton comprend le poste de gouverneur de l'Arkansas pendant douze ans, la présidence de l'Association nationale des gouverneurs en 1986-1987 et, en 1991, celle du Conseil de direction démocrate (DLC) fondé six ans plus tôt afin d'aider à pousser le parti dans cette direction.

En novembre 1994, deux ans après le début de la présidence de Clinton, une majorité républicaine a été élue à la Chambre des représentants et une convergence bipartite s'est accélérée. Dans la seule année 1996, « l'aide sociale telle que nous la connaissons » a été supprimée, la « Loi contre le terrorisme et pour une peine de mort efficace » a été adoptée ainsi que la « Loi sur la réforme de l'immigration et sur la responsabilité des immigrés. » Il s'agissait dans ce dernier cas de la plus grande attaque contre les droits des personnes nées à l'étranger depuis la fin de la deuxième guerre mondiale.

L'administration Clinton a aussi accéléré les mesures prises par les dirigeants US pour essayer de contrer le déclin des taux de profit et les rendements « inadéquats » des employeurs sur leurs investissements de capitaux. Ces mesures visaient à « encourager » les capitalistes à accroître les usines et équipements industriels et à embaucher un nombre croissant de travailleurs dans la production. À cette fin, l'administration et le Congrès ont adopté des lois qui, combinées à d'autres initiatives de la Maison-Blanche, ont aidé la classe des employeurs à ériger l'énorme montagne de dettes domestiques, immobilières, corporatives et gouvernementales, et toute la gamme des produits dérivés correspondants, qui a commencé à s'écrouler avec les premiers signes de la crise financière mondiale de 2007 et son accélération au début de cette année.

Personne ne sait, ni ne peut savoir, comment évoluera cette crise financière. Mais elle n'est pas le résultat de « politiques erronées. » Elle est le produit du fonctionnement même des lois du capitalisme. Elle est la conséquence, pas la cause, du développement du capital financier. Les familles possédantes US n'ont d'autre choix que de suivre ce cours propulsé par l'endettement.

Il y a à peine un mois ou deux, en mars 2008, la Banque de la réserve fédérale de New York a dû avancer 30 milliards de dollars pour contenir les pertes potentielles des actionnaires de la cinquième plus grande firme de placement aux États-Unis, Bear Stearns, alors en train de faire faillite. Les mesures de la Réserve fédérale pour financer l'acquisition à un prix d'aubaine de Bear Stearns par JPMorgan Chase a montré au capital financier que le gouvernement US était prêt à prendre des risques « privés » considérables pour empêcher un effondrement en vrille du remboursement de la dette.

C'est tout simplement un fait, pas une prophétie, qu'en mai 2008 aux États-Unis, des millions de « propriétaires » de maison font maintenant face à de fortes hausses de leurs paiements d'intérêts sur des hypothèques à taux variables risquées. Il s'agit d'une vague grandissante qui déferlera pendant plusieurs années encore et laissera dans son sillage encore plus de défauts de paiement et de saisies immobilières. Les banques, les fonds spéculatifs, les compagnies d'assurance et autres titulaires de dettes d'hypothèques et de contrats dérivés devront radier de plus grosses pertes en créances irrécouvrables.

D'innombrables politiciens bourgeois et commentateurs financiers ont cherché à mettre la « crise hypothécaire » sur le dos de l'ancien président du conseil de la Réserve fédérale, Alan Greenspan. Dans des temps plus heureux, beaucoup d'entre eux avaient chanté ses louanges, certains allant même jusqu'à le couronner de « maestro », pour ses vingt ans au service de quatre présidents démocrates et républicains — une période qui va de sa nomination par Ronald Reagan en 1987 à son départ de la Réserve fédérale au début de 2006 sous la présidence de George W. Bush. Ses détracteurs d'aujourd'hui attirent l'attention sur des discours qu'il a prononcés en 2004 et 2005 et où il exaltait « l'innovation [qui] a engendré une multitude de nouveaux produits comme les hypothèques à très haut risque, » qui ont permis à « des candidats autrefois plus marginaux, » un euphémisme bourgeois pour les familles ouvrières à faible revenu, d'acheter une maison. (Et de la perdre ensuite quand elles sont incapables de continuer leurs paiements et qu'elles s'enfoncent de plus en plus dans la dette.)

Mais Greenspan a percé les prétentions de ces critiques en faisant ressortir leur myopie de classe. Dans ses mémoires publiées en 2007 sous le titre *Le temps des turbulences*, il ne présente aucune excuse. Peu importe, dit-il, les erreurs qu'il aurait pu commettre quant à un type particulier d'hypothèque, cela en « valait le risque » pour stimuler la propriété domiciliaire. La « protection des droits de propriété, indispensable à une économie de marché, » c'est-à-dire aux seigneurs du capital, « nécessite une masse critique de propriétaires pour lui assurer un soutien politique. » À ceux qui lui font maintenant des reproches, l'ancien chef de la Fed demande : quel est votre plan pour essayer de convaincre les travailleurs qu'eux aussi sont des « propriétaires » qui ont intérêt à préserver le système capitaliste ?

Mais Alan Greenspan n'était pas et ne pouvait pas être à lui seul responsable de l'expansion presque folle de l'endettement hypothécaire aux États-Unis, non plus que de son inévitable effondrement. Il n'a pas provoqué la chute des prix de l'immobilier et les crises hypothécaires qui secouent le Royaume-Uni, l'Irlande, l'Espagne et d'autres pays. Aucun président débridé de la Réserve fédérale, qu'on dit agir à l'encontre du cours et des intérêts de la classe qu'il sert, n'est responsable des excès de l'endettement capitaliste.

Bien au contraire. Pendant au moins la dernière moitié du mandat de Greenspan, des banques d'investissement comme JPMorgan Chase et Goldman Sachs se sont lancées dans des transactions de plus en plus complexes de produits dérivés en utilisant des effets de levier de l'ordre de trente pour un (c'est-à-dire 30 $ en emprunts à rembourser pour chaque 1 $ de leurs propres actifs). Et les soi-disant fonds spéculatifs, sociétés privées d'investissement, courtiers en devises étrangères, spéculateurs en contrats à terme sur les produits alimentaires et autres négociants de ce que Karl Marx a appelé le « capital fictif » faisaient la même chose, avec des effets de levier de cinquante ou même cent pour un !

À la fin de 2007, la valeur de ces produits dérivés à travers le monde a atteint la somme jusqu'alors inimaginable de 596 000 milliards de dollars. En 2007 seulement, la variété la plus « populaire » de ces paris à énorme effet de

« Sauvetage » de banque et licornes

L'effondrement des banques s'est poursuivi tout au long de 2008, avec la faillite de la banque d'investissement Lehman Brothers et le sauvetage soutenu par le gouvernement de banques, firmes de courtage, géants de l'assurance, sociétés de crédit-bail et autres institutions financières, et d'entreprises manufacturières en difficulté comme General Motors et Chrysler. La revue *Forbes* évalue le coût total de ces sauvetages par le gouvernement fédéral à 16 000 milliards de dollars.

Au début de 2009, pour juguler l'hémorragie, le Conseil des normes de comptabilité financière (FASB), l'entreprise capitaliste « privée » qui établit les règles de comptabilité aux États-Unis, a répondu aux exhortations bipartites des politiciens de Washington en consacrant la falsifications des comptes. Le FASB a décidé que les entreprises financières n'auraient plus à donner une valeur en dollars à leurs « avoirs » à risque ou en péril qui reflète le prix auquel ceux-ci pourraient être vendus ou achetés sur le marché.

Pour remplacer cette méthode d'évaluation comptable dite à la valeur du marché, le FASB a autorisé les banques, les sociétés hypothécaires et d'autres institutions financières au bord de l'insolvabilité (ainsi que d'autres qui ne le sont pas) à faire preuve de « beaucoup de jugement. » Celles-ci pourraient dorénavant « estimer » la valeur de leurs propres « avoirs » et, par le fait même, de leurs pertes.

Officiellement appelée évaluation comptable au prix du modèle, cette méthode a rapidement été connue comme l'évaluation comptable au prix de la licorne. Pour ne citer qu'un exemple, ce tour de magie a permis à la Bank of America de faire « disparaître » en 2012 et 2013 quelque 7,6 milliards de dollars en pertes cumulées et de rapporter un revenu net de 4 milliards de dollars.

Si seulement les travailleurs et les agriculteurs endettés pouvaient se procurer certaines de ces licornes !

levier a en fait doublé. Il s'agit des soi-disant couvertures de défaillance ou CDS (d'après l'anglais *credit default swaps*), qui sont censées être une forme d'« assurance » contre un défaut de paiement de ces mêmes transactions à très haut risque. Mais avec l'accélération du changement de direction des marchés financiers à la fin de 2007, l'antidote est devenu le poison.

Au cours des deux décennies depuis que le krach boursier de 1987 a frappé de terreur les dirigeants US, ces derniers ont manoeuvré pour éviter un profond plongeon économique. Pendant qu'ils cherchaient à garder à un bas niveau les prix et les taux d'intérêt tout en dépensant des milliards de dollars dans les guerres en Irak, Yougoslavie et Afghanistan, leur dette croissante a été de plus en plus financée par des gouvernements et de riches particuliers autour du globe. Les bons du Trésor sont le principal instrument de crédit du gouvernement US. Pour la première fois de l'histoire, ces intérêts étrangers en détiennent plus de la moitié si on ne tient pas compte de ceux que détient la Banque de la réserve fédérale.

Les capitalistes en Chine, qui y dominent de plus en plus le régime, ont prêté à Washington et à Wall Street de manière particulièrement enthousiaste. En décembre 2007, ils avaient déjà acheté près de 500 milliards de dollars en bons du Trésor US, soit plus de 20 pour cent de tous ces certificats en circulation dans le monde. Ils ont supplanté le Japon quelques mois plus tard comme détenteur numéro un.

Le régime de Beijing a pour politique d'aider à maintenir un dollar US fort et de conserver ainsi un avantage compétitif pour les biens manufacturiers chinois sur les marchés mondiaux. Il sacrifie en échange l'amélioration des salaires, des programmes d'aide sociale et des conditions de vie de centaines de millions de travailleurs et de paysans en Chine, ce qui lui permet d'accroître les recettes d'exportation empochées par les couches possédantes montantes et par la bureaucratie du parti et de l'État dans le nouveau mandarinat capitaliste. Il le fait en même temps qu'il intensifie l'exploitation des ressources naturelles et des travailleurs à travers l'Afrique, l'Asie et d'autres régions du monde dans le but d'accumuler des capitaux en Chine.

À la fin de 2008, l'impérialisme US aura dépensé quelque 900 milliards de dollars dans ses guerres en Afghanistan et en Irak. Et ce montant atteindra facilement des milliers de milliards avec la poursuite de ce bain de sang. À ça s'ajoute le fait que les dirigeants US n'ont cessé d'agiter le spectre sanglant du 11 septembre pour pratiquement doubler l'ensemble de leurs dépenses de guerre, qu'ils appellent budget de « défense ». Ce dernier est passé de 308 milliards de dollars en 2001 à presque 600 milliards de dollars en 2008. Comment paient-ils ces guerres ? Ils les financent en s'endettant.

En fait, pour la première fois dans l'histoire américaine, la classe dirigeante US mène une guerre majeure de plusieurs années sur plusieurs fronts sans appels patriotiques au « sacrifice », c'est-à-dire sans réduire considérablement les dépenses gouvernementales nationales, sans imposer de nouveaux impôts élevés ni faire campagne pour convaincre les travailleurs et les classes moyennes d'acheter des bons de la « victoire ». Cette fois-ci, au moins pour un certain temps, ce sont des capitalistes et autres riches individus et institutions des États-Unis, du Japon, de la Chine et de plusieurs autres endroits qui achètent ces bons de la « victoire ».

TROISIÈME PARTIE

Comment les Clinton ont truqué les comptes

(Mai 2008)

TROISIÈME PARTIE

Comment les Clinton ont truqué les comptes

(MAI 2008)

AVANT L'INVESTITURE de Bill Clinton en janvier 1993, deux grandes récessions avaient frappé le capitalisme : une en 1974-1975 (le premier effondrement brutal et synchronisé dans les pays impérialistes depuis la grande dépression des années 1930) et une autre en 1981-1982, couplée les mêmes années à deux flambées inflationnistes. Les travailleurs ont non seulement été frappés par de fortes augmentations de prix et des « pénuries » de viande et d'essence, mais aussi au même moment par un chômage croissant.

Même en utilisant les propres statistiques mensongères de Washington, le taux officiel de chômage a bondi au-dessus de 10 pour cent en 1982-1983. L'inflation a presque atteint 15 pour cent en 1980. Le taux d'intérêt sur les obligations de 30 ans du Trésor (les « obligations à long terme ») a presque atteint 15 pour cent en 1981 et le taux « préférentiel » utilisé pour établir les prêts hypothécaires, automobiles et autres prêts « à la consommation » a atteint 21 pour cent.

Au cours des années de Clinton à la présidence, la classe des employeurs aux États-Unis a pris des mesures agressives pour contrecarrer la pression à la baisse sur ses marges de profit. Les patrons ont ralenti les augmentations de salaires en comptant sur l'inflation pour réduire substantiellement salaires réels et allocations. Ils ont accéléré les cadences de production, allongé la semaine de travail et augmenté le travail temporaire et à temps partiel.

Au service du capital financier US et de ses détenteurs d'obligations, Clinton a aussi obstinément cherché à générer un « surplus budgétaire » fédéral. Un des principaux facteurs à l'avoir aidé, ça a été les retombées fiscales générées par le délire des « actions technos » de la fin des années 1990. Et la réduction temporaire des dépenses militaires rendue possible par la désintégration de l'Union soviétique (et la réémergence de la Russie) et par l'effondrement du Pacte de Varsovie qui l'a accompagnée ont généré ce que les dirigeants US ont proclamé sur tous les toits être un « dividende de paix. » En même temps que Washington commençait la transformation de son « empreinte » militaire en préparation des guerres à venir, Clinton a réduit de près de 25 pour cent le nombre de soldats US en service actif au cours de ses huit années à la présidence. Le budget de guerre du gouvernement US a été réduit de 37 pour cent relativement au produit intérieur brut (PIB) [1].

Mais la Maison-Blanche des Clinton n'a pas utilisé ces économies « pour le peuple, » comme elle avait prétendu le faire. En réalité, « les dividendes de paix » ont plus précisément fini par devenir un « dividende de la guerre de classe » aux États-Unis. La Maison-Blanche des Clinton et

1. Après les attaques du 11 septembre 2001, les dépenses militaires US — en valeur réelle ajustée à l'inflation — ont à peu près doublé pendant la quinzaine d'années qui ont suivi, sous les administrations de Georges W. Bush et Barack Obama.

le Congrès ont réduit les dépenses fédérales pour la Sécurité sociale et d'autres allocations similaires, l'éducation, les prestations des anciens combattants, les transports publics et la recherche scientifique. En fait, chacune des principales catégories de dépense gouvernementale a subi des coupures, à l'exception de la santé et Medicare (organisés comme une véritable aubaine pour les compagnies d'assurance, les organismes de santé privés et les autres entreprises médicales), l'agriculture (davantage de grosses subventions aux agriculteurs capitalistes et à l'industrie agroalimentaire) et la « justice » (des milliards pour accroître le nombre et l'armement lourd des flics et pour les tribunaux, les prisons, la modernisation de la surveillance électronique et les salles d'exécution.)

La reprise du cycle économique au cours de cette période a été longue si on la compare à celles qui l'ont précédée. Elle a duré dix ans jusqu'au début de la récession de 2001. Mais elle n'était pas basée sur une croissance des investissements de capital visant à accroître les capacités productives, attirer de plus en plus de travailleurs dans des usines, manufactures et mines nouvelles ou rénovées, et augmenter grandement la production de biens vendables. Cette reprise a plutôt été produite par l'accumulation d'une énorme montagne de dettes et par la croissance gigantesque des « instruments d'emprunt » et de leurs dérivés spéculatifs — un mélange toxique qui a explosé au début du nouveau millénaire, avec la crise financière et la contraction économique qui ne font que commencer.

Donner un coup de main aux grandes banques

Bien avant cet effondrement du château de cartes financier du capitalisme US, l'administration Clinton avait donné un coup de main aux grandes banques en éliminant des règlements que ces dernières et d'autres intérêts argentés estimaient « gênants ».

En 1999, le secrétaire au Trésor Robert Rubin, ancien co-président de Goldman Sachs, et son secrétaire adjoint Lawrence Summers ont présidé à l'abrogation de la loi Glass-Steagall que les dirigeants US avaient imposée en 1933 en réponse à la vague de faillites bancaires du début de la grande dépression. Parmi d'autres mesures, la classe dirigeante avait utilisé la loi Glass-Steagall pour stabiliser le système capitaliste en exigeant une complète séparation entre, d'un côté, les banques commerciales et, de l'autre, les compagnies d'assurances, les maisons de courtage et les banques d'investissement.

(Les banques commerciales sont censées faire leurs profits en utilisant les dépôts faits par les particuliers et les entreprises dans les comptes chèques et d'épargne pour prêter ces fonds aux entreprises, acquéreurs de biens immobiliers et à d'autres entités à des taux d'intérêt plus élevés. De leur côté, les revenus de ce qu'on appelle banques d'investissements proviennent des frais prélevés sur les « services » offerts aux entreprises et aux gouvernements pour recueillir des capitaux en émettant des obligations, actions et autres « produits financiers » à haut risque. Ceci comprend de plus en plus de fusions et d'acquisitions, dans l'espoir d'endiguer le fléchissement des taux de profits, et de spéculation « interne » à effet de levier effectuée à l'aide de leurs propres fonds.)

La remarquablement nommée Loi de modernisation des services financiers que Clinton a signée en novembre 1999 a permis de percer une brèche dans ce mur et d'accélérer et amplifier les résultats des opérations du capital financier et monétaire. Les fusions de banques de dépôt, de banques d'investissement, de maisons de courtage et de compagnies d'assurance ont proliféré. Par-dessus tout, la loi a ouvert les vannes à une expansion massive de ce qu'on appelle les produits dérivés, dettes « titrisées », opérations bancaires « hors-bilan » et « fantômes » — en bref, des paris complexes sur la poursuite sans fin du boom financier capitaliste et de l'acquisition colossale de la dette du Trésor US par la Chine, le Japon et d'autres pays. Des montants de plus en plus réduits de caution — parfois, très peu voire nuls — ont garanti des prêts toujours plus spéculatifs, avec de moins en moins de provisions d'aucune sorte pour couvrir les risques qui montaient en flèche.

Citigroup en est un exemple. Il s'agit d'une des plus importante banque US. La Loi de modernisation des services financiers de Clinton a été entérinée peu après la formation de Citigroup en 1998 par la fusion de Citicorp (à l'époque, la plus grande banque commerciale), de l'énorme compagnie d'assurance Travelers et de la société d'investissement Salomon Smith Barney. C'était un mariage heureux mais sans l'abrogation de la loi Glass-Steagall, il aurait légalement fallu l'annuler deux ans plus tard.

En juillet 1999, Rubin a remis à Summers les rennes du Trésor de l'administration Clinton. Par la suite, Summers a fait adopter la loi par le Congrès et l'a saluée comme « la fondation du système financier du 21e siècle. » À peine quatre mois plus tard, en octobre 1999, Rubin a sans aucune gêne accepté de devenir à 40 millions de dollars par an président du comité exécutif de Citigroup ! Ce n'est pas pour rien que beaucoup ont baptisé la nouvelle loi de Clinton la « Loi d'autorisation de Citigroup. »

Rubin a continué d'occuper ce poste jusqu'en 2009, quand Citigroup a subi des pertes et des annulations de dettes s'élevant à plus de 40 milliards de dollars — oui, milliards — lorsque les produits dérivés et autres « instruments d'emprunt » ont mal tournés. Voilà ce que vaut la « magie » d'un ancien courtier de Goldman Sachs devant la loi de la valeur !

Manipuler le prix de l'or

L'administration Clinton a activement oeuvré à maintenir bas les prix mondiaux de l'or, ce qui a contribué à maintenir un « dollar fort » et des taux d'intérêt relativement bas. Entre autres choses, la Maison-Blanche a encouragé le Fonds monétaire international et les gouvernements impérialistes rivaux de Washington (mais pas ce dernier, bien sûr) à liquider publiquement leurs réserves de lingots.

Les recettes engrangées par ces ventes d'or, a cyniquement sermonné Washington, pourrait alors être utilisées pour « effacer la dette » et « aider les pays du tiers monde » accablés par le paiement onéreux d'intérêts sur des prêts étrangers. Témoignant devant le Congrès en avril 1999, Summers, alors secrétaire adjoint au Trésor, a dit qu'on pourrait utiliser ces revenus pour soutenir les « pays les plus pauvres du monde, en particulier ceux accablés par une dette insoutenable. » Il s'est engagé à ce que ces ventes d'or « se réalisent de manière à réduire tout impact négatif pour les détenteurs et producteurs d'or, ainsi que sur le marché de l'or. »

Il n'a pas fallu attendre longtemps pour voir les résultats de cette arnaque de l'administration Clinton. En mai 1999, au moment où le prix de l'or était déjà à son plus bas depuis le milieu des années 1970, Gordon Brown, à l'époque ministre du Trésor du Royaume-Uni et aujourd'hui son premier ministre, a annoncé que Londres allait bientôt commencer à vendre la moitié de ses réserves d'or. Contrairement à la garantie donnée par Summers que de telles ventes « se réalisent de manière à réduire tout impact négatif, » l'annonce de Brown a déclenché une telle panique sur les marchés mondiaux que le prix de l'or a chuté d'un autre 10 pour cent au cours des semaines suivantes, atteignant son plus bas niveau en vingt ans à 253 $ l'once. À ce prix, Brown s'est empressé d'en vendre encore plus !

Quant à l'aide aux « pays les plus pauvres du monde, » il suffit de rappeler que parmi les principaux exportateurs d'or se trouvent des pays semi-coloniaux comme le Pérou, l'Indonésie, l'Ouzbékistan, la Papouasie-Nouvelle-Guinée, le Chili, le Ghana, le Mali et la Tanzanie, ainsi que l'Afrique du Sud. Leurs revenus provenant de l'extraction et de l'exportation d'or et d'autres métaux précieux ont été dévastés !

Au cours des années suivantes, les banques centrales du Royaume-Uni, de la Suisse et du Canada ont vendu plus de la moitié de leurs réserves d'or, à des prix historiquement bas, et d'autres banques centrales ont aussi vendu des réserves importantes. *Pendant ce temps, le Trésor US n'a pratiquement vendu aucune de ses réserves d'or.* À près de 9 000 tonnes, ces dernières sont de loin les provisions les plus importantes du monde (un quart des réserves mondiales officielles du globe.) En 2002, les prix de l'or ont commencé une lente remontée qui s'est accélérée en quelques années. En mai 2008, la valeur sur le marché des réserves de Washington avait plus que triplé, passant de 67 milliards à presque 225 milliards de dollars.

C'était un sacré bon plan pour aider « les pays les plus pauvres du monde ! » Et en passant, pour tirer le meilleur parti de ses « amis » impérialistes !

Les prix augmentent-ils trop lentement ?

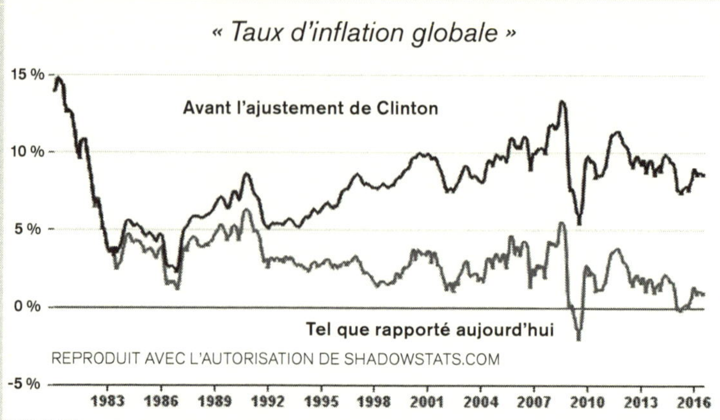

Les employeurs et leur gouvernement essaient de nous convaincre qu'en 2016, les ajustements au coût de la vie des salaires, des pensions de retraite et des autres allocations sur lesquelles comptent les travailleurs pour joindre les deux bouts ne sont plus aussi importants. Après tout, disent-ils, l'augmentation de ce qu'ils appellent « l'inflation globale » se maintient à « seulement » 1 pour cent.

Le conseil d'administration de la Réserve fédérale va jusqu'à nous dire que « l'inflation » est « trop faible » aujourd'hui. Leur « objectif » est une inflation à 2 pour cent par an, presque le double du taux actuel !

Mais les travailleurs savent, à partir de ce qu'ils paient à la caisse et en factures, ce que montre le graphique ci-dessus. Avant la « révision » des indices effectuée par Clinton (voir page suivante), même le taux officiel d'augmentation du prix des choses que nous achetons a en fait augmenté beaucoup plus vite que 1 pour cent. Pour ne citer que quelques exemples pour l'année 2015, les tarifs de transport ont augmenté de plus de 5 pour cent ; le prix des repas dans les cantines scolaires de 5,5 pour cent ; et celui des assurances santé de plus de 7 pour cent (avec beaucoup plus que ça encore à venir !).

Pour revenir à l'année 2000, alors que « l'inflation globale » du gouvernement avait augmenté de 42 pour cent en quinze ans, les frais d'inscription à l'université, les frais scolaires et la garde des enfants avaient augmenté de 124 pour cent ; les loyers de 63 pour cent ; les dépenses de santé de 81 pour cent ; et la nourriture et les boissons de 48 pour cent.

Falsifier le coût de la vie...

L'administration Clinton a aussi accordé une manne de profits à la classe des employeurs en manipulant la base à partir de laquelle sont calculés les réajustements annuels au coût de la vie des salaires, des allocations de la Sécurité sociale et d'autres subsides versés à des dizaines de millions de travailleurs et de familles ouvrières aux États-Unis. Il s'agit là d'une question déterminante pour les travailleurs, ce que démontre le fait que les salaires réels dans ce pays en 2008 — même d'après les statistiques du gouvernement — sont environ 10 pour cent inférieurs à ce qu'ils étaient il y a 35 ans, en 1973.

En 1997, l'administration Clinton a donné suite à des propositions d'une commission bipartite du Sénat et ordonné que la principale mesure gouvernementale de l'inflation, l'indice des prix à la consommation (IPC), soit dorénavant calculée de façon à réduire substantiellement les chiffres officiels des prix. Deux astuces en particulier ont permis ce tour de magie.

Premièrement, la commission a prétendu avoir découvert une incroyable omission dans la façon dont on a calculé l'inflation depuis qu'on avait commencé à le faire des dizaines d'années auparavant. Dans le passé, si par exemple le prix du bifteck augmentait, cette augmentation se trouvait reflétée dans l'IPC. Mais il est soudainement venu à l'esprit des membres de la commission que lorsque le bifteck devient trop cher, « les gens » commencent simplement à plutôt acheter de la viande hachée. Le prix de la viande hachée devrait donc remplacer celui du bifteck dans l'IPC. Abracadabra ! Pas d'inflation dans le prix de la viande !

La Maison-Blanche a aussi introduit ce qu'elle a appelé les « hédoniques » (un mot ayant la même racine que « hédonisme ») pour calculer l'inflation. Regardez un peu comment pendant toutes ces décennies, ont découvert les membres de la commission de Clinton, les statisticiens ont négligé le fait que le « plaisir » que les travailleurs et autres consommateurs tirent des biens que nous achetons augmente à mesure que de nouveaux modèles sont introduits. Les voitures peuvent devenir plus chères mais maintenant, nous pouvons les verrouiller et déverrouiller en traversant le parking. Et au moment d'effectuer le prochain paiement pour ce nouvel ordinateur, nous devrions garder à l'esprit que sa vitesse et sa mémoire se sont accrues : il donne donc de plus en plus de plaisir et « coûte » donc de moins en moins cher !

Le fin mot de l'histoire ? Alors que le taux annuel d'inflation avait baissé à 3,2 pour cent à la fin de 2007 selon le gouvernement US, il aurait été de 7 pour cent — *plus du double* — si Washington avait utilisé les méthodes de chacune des administrations depuis les années 1930. Ce changement comptable se traduit par des centaines de milliards de dollars en profits supplémentaires pour la classe des employeurs, qui paient maintenant beaucoup moins aux travailleurs pour les ajustements au coût de la vie prévus dans les accords salariaux et pour des avantages

La classe ouvrière diminue aux États-Unis

Taux de participation à la main-d'oeuvre 2000-2016

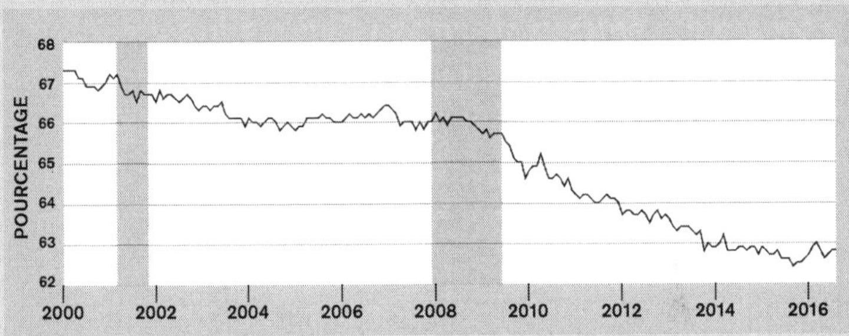

Durée du chômage 2000-2016

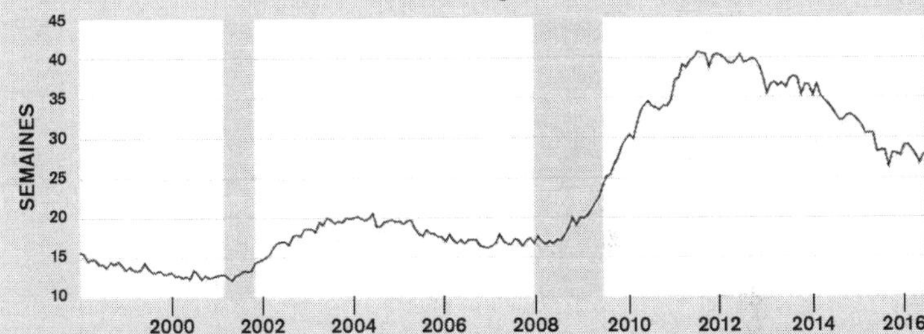

SOURCE : RECHERCHE ÉCONOMIQUE DE LA RÉSERVE FÉDÉRALE, BUREAU US DES STATISTIQUES DU TRAVAIL

Une des manières pour le gouvernement d'embellir ses statistiques mensuelles sur le chômage est de réduire sans cesse le pourcentage de travailleurs (de 16 ans et plus) qu'il compte dans la population active. Depuis l'aggravation de la crise capitaliste ces dernières années, cette proportion est passée de plus de 66 pour cent en 2008 à 62,8 pour cent en août 2016.

Il s'agit du taux le plus bas depuis 1977, lorsque le taux global (c'est-à-dire pour les hommes et les femmes) était plus petit parce que moins de la moitié des femmes de plus de 16 ans faisait alors partie de la population active. Lorsque les luttes des femmes et des autres travailleurs ont fait reculer la discrimination sexuelle à l'embauche, le taux de participation féminine à la population active est passé à plus de 60 pour cent au milieu des années 1990 et s'est globalement maintenu à ce niveau jusqu'à la crise de 2008. Il est retombé en dessous de 57 pour cent depuis 2014.

Le déclin du taux de participation des hommes à la population active a été particulièrement brutal. Il est tombé de 87 pour cent en 1950 à 73 pour cent en 2008 et à 69 pour cent en 2016.

Quant aux périodes de temps pendant lesquelles les travailleurs se retrouvent sans aucun emploi — une expérience gravée à vif dans la mémoire des familles ouvrières — leur durée était de 13,5 semaines en moyenne au cours des six décennies allant de 1948 à 2008. Depuis, cette moyenne a bondi à près de huit mois, une augmentation de deux fois et demie.

sociaux comme la Sécurité sociale, les soins médicaux et les accidents de travail.

Qu'est-ce que ça signifie dans la vie de tous les jours de la majorité laborieuse aux États-Unis ? Début 2008, moins de six mois après la publication du taux officiel d'inflation qui vient d'être mentionné, le gouvernement US a annoncé que son soi-disant indice des prix à la consommation avait un peu augmenté, pour atteindre un taux annuel de 4 pour cent. Mais en examinant de plus près les mêmes données (même en utilisant les méthodes malhonnêtes du gouvernement), on se rend compte que les prix des produits de première nécessité comme la nourriture, l'essence et les soins de santé ont augmenté de plus de 9 pour cent en moyenne au cours de l'année écoulée.

Pourtant, les services de la Sécurité sociale ont annoncé qu'en 2008, les quelque 50 millions de personnes percevant des allocations de retraite recevront une augmentation liée au « coût de la vie » de 2,3 pour cent sur leurs chèques mensuels. C'est 24 misérables dollars par mois pour le bénéficiaire moyen. Et des dizaines de millions d'autres travailleurs auront de la chance s'ils reçoivent le moindre ajustement pour l'inflation dans leur salaire net.

… et falsifier aussi les chiffres du chômage

Pour tenter de masquer l'impact social du système de profit, l'administration Clinton a simplement supprimé des millions de travailleurs sans emploi des chiffres mensuels du chômage publiés par le gouvernement.

Les Clinton ont appris ce tour de prestidigitation d'un précédent modèle de moralité du Parti démocrate. Au cours de la première année de son mandat en 1961, John F. Kennedy s'était inquiété des réactions politiques provoquées par une brusque augmentation du chômage cette année-là. Il a donc nommé un comité pour chercher une solution — pas une solution pour remettre les gens au travail, mais pour embellir les apparences. Quelques années plus tard, le gouvernement fédéral a flanqué une étiquette sur les travailleurs qui avaient cessé de chercher du travail parce qu'ils ne parvenaient plus à en trouver depuis longtemps. Il les a appelés « travailleurs découragés » et a cessé de les compter comme chômeurs. Voilà ! Le « taux de chômage » a chuté du jour au lendemain !

Lui aussi confronté à un chômage élevé au début de son premier mandat, Clinton a poussé les choses encore plus loin. Même si depuis les années 1960 les « travailleurs découragés » n'étaient plus inclus parmi chômeurs, ils l'étaient

Comment faire disparaître les chômeurs

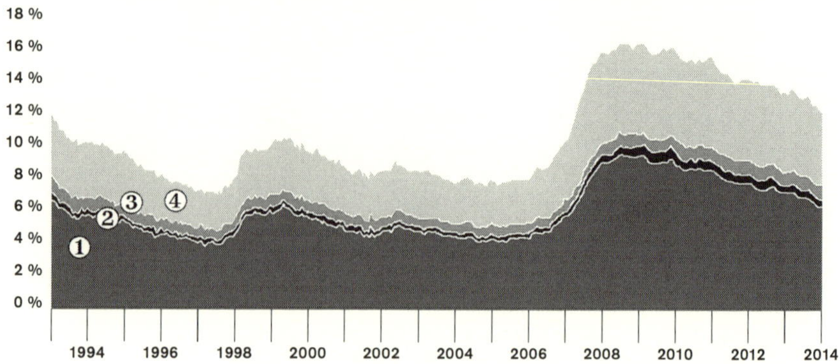

SOURCE : BUREAU US DES STATISTIQUES DU TRAVAIL, CENTRE MERCATUS

① Taux de chômage « officiel » du gouvernement US. C'est le pourcentage de travailleurs comptabilisés dans la population active civile que Washington enregistre comme chômeurs.

② « Travailleurs découragés. » Terme utilisé par Washington pour décrire les travailleurs sans emploi qui ont été à la recherche d'un travail au cours de l'année antérieure, mais qui ont été dans l'incapacité d'en trouver un pendant si longtemps qu'ils ne se sont pas souciés d'en chercher un au cours du mois précédent. Résultat d'un tour de passe-passe statistique de l'administration Clinton, Washington a simplement cessé d'inclure dans la population active les travailleurs n'ayant pas cherché d'emploi au cours de l'année antérieure. Il a ainsi fait disparaître à peu près la moitié des « travailleurs découragés » des chiffres gouvernementaux.

③ « Travailleurs marginalement attachés. » Terme utilisé par Washington pour décrire les travailleurs sans emploi qui ont été à la recherche d'un travail au cours de l'année antérieure mais ne l'ont pas fait au cours du mois précédent pour une raison quelconque. Les « travailleurs découragés » sont une sous-catégorie relativement petite des « travailleurs marginalement attachés. »

④ Travailleurs à temps partiel qui veulent un travail à plein temps.

toujours dans la population active globale. Évidemment, ça en disait toujours trop long sur la véritable situation à laquelle faisaient face les travailleurs. En 1994, l'administration Clinton a donc décidé de ne compter dans la population active que les travailleurs ayant cherché du travail au cours de la dernière année. C'est ainsi que, d'un coup de baguette magique statistique, Clinton a fait disparaître des millions d'autres travailleurs en chômage !

En dépit des chiffres « officiels » trompeurs de Washington sur le chômage, le taux de participation à la population active est en fait tombé à 67 pour cent en 2001 depuis son point haut après la seconde guerre mondiale. Il s'agit de la meilleure mesure disponible dans les statistiques gouvernementales. Elle donne le pourcentage des travailleurs qui ont *réellement un travail* ou en cherchent un et qui sont donc comptabilisés pour estimer le taux de chômage « officiel ». Qui plus est, parmi ceux qui sont recensés comme sans emploi en avril 2008, près de 20 pour cent étaient au chômage depuis plus de six mois.

Mais si les chiffres gouvernementaux sur le chômage sont une fiction statistique, les millions de travailleurs qu'on a fait « disparaître » de la main-d'oeuvre depuis 2000 *n'en sont pas une*. Ce sont des hommes et des femmes bien réels qui n'ont pu obtenir un travail régulier, souvent depuis des années.

INDEX

Aussi de Jack Barnes

Malcolm X, la libération des Noirs et la voie vers le pouvoir ouvrier

S'appuyant sur les leçons d'un siècle et demi de luttes, ce livre nous aide à comprendre pourquoi c'est la conquête révolutionnaire du pouvoir par la classe ouvrière qui rendra possible la bataille finale contre l'exploitation de classe et l'oppression raciste et qui ouvrira la voie vers un monde basé sur la solidarité humaine. Un monde socialiste.

20 $ US. Aussi en anglais, espagnol, farsi, arabe et grec.

À lire en complément

Le visage changeant de la politique aux États-Unis

La politique ouvrière et les syndicats

24 $ US. Aussi en anglais, espagnol, farsi et grec.

Cuba et la révolution américaine à venir

Un livre sur les luttes des travailleurs dans le coeur impérialiste, sur les jeunes que celles-ci attirent et sur l'exemple donné par le peuple cubain que la révolution est non seulement nécessaire, mais qu'on peut la faire. Ce livre porte sur la lutte de classe aux États-Unis, où les capacités politiques et le potentiel révolutionnaire des travailleurs et des agriculteurs sont aujourd'hui aussi totalement ignorés par les puissances dirigeantes que celles des travailleurs et paysans cubains. Et tout aussi à tort.

10 $ US. Aussi en anglais, espagnol et farsi.

WWW.PATHFINDERPRESS.COM

La classe dirigeante US a commencé

Trois contributions au débat de plus en plus large et profond entre les travailleurs à la recherche d'une voie en avant face aux guerres et aux calamités sociales et économiques mondiales du capitalisme.

à craindre la classe ouvrière

Une révolution socialiste est-elle possible aux États-Unis ?

Un débat nécessaire entre travailleurs

Mary-Alice Waters

Un « oui » sans hésitation, telle est la réponse de Mary-Alice Waters. Possible mais pas inévitable. Cela dépend de nous.

10 $ US. Aussi en anglais, espagnol et farsi.

Le bilan anti-ouvrier des Clinton

Pourquoi Washington craint les travailleurs

Jack Barnes

Hillary Clinton traite de « déplorables » les travailleurs qui ont refusé de voter pour elle. Donald Trump recourt à la démagogie pour essayer de monter les travailleurs les uns contre les autres — tout en remplissant les poches des patrons. Jack Barnes décrit la course aux profits du capitalisme US pendant le dernier quart de siècle et ses conséquences pour les travailleurs, dont la compréhension et la résistance grandissent.

10 $ US. Aussi en anglais et en espagnol.

Une révolution socialiste est-elle possible aux États-Unis ?

Le socialisme en procès

Déposition au procès pour sédition de Minneapolis

James P. Cannon

Le programme révolutionnaire de la classe ouvrière, tel que présenté en 1941 lors du procès pour « complot séditieux » de dirigeants du mouvement syndical de Minneapolis et du Parti socialiste des travailleurs. Ce livre comprend la réponse de l'auteur aux critiques gauchistes adressées aux accusés.
16 $ US. Aussi en anglais, espagnol et farsi.

50 années d'opérations secrètes aux USA

La police politique de Washington et la classe ouvrière américaine

Larry Seigle, Farrell Dobbs, Steve Clark

Retrace la lutte menée pendant plusieurs décennies par les travailleurs ayant une conscience de classe contre les efforts d'accroître les pouvoirs présidentiels et de construire un État de « sécurité nationale » essentiel au maintien du régime capitaliste.
12 $ US. En anglais, espagnol et farsi.

Le désordre mondial du capitalisme

La politique ouvrière au millénaire

Jack Barnes

La dévastation sociale et les paniques financières, le durcissement de la politique, la brutalité policière et les agressions impérialistes — aucune de ces réalités n'est le produit de quelque chose qui s'est détraqué dans le capitalisme, mais bien des lois qui régissent son fonctionnement. Ce qui peut changer l'avenir, c'est la lutte unitaire des travailleurs et des agriculteurs conscients de leur capacité de mener des batailles révolutionnaires pour le pouvoir d'État, et de transformer le monde.
25 $ US. Aussi en anglais et en espagnol.

Rébellion Teamster

Farrell Dobbs

Les grèves de 1934 qui ont construit le mouvement des syndicats industriels à Minneapolis et contribué à l'essor du CIO, racontées par un de leurs dirigeants centraux. Le premier d'une série de quatre livres sur la direction de lutte de classe de ces grèves et des campagnes de syndicalisation qui ont transformé dans la plus grande partie du Midwest le syndicat des Teamsters en un mouvement social combatif, et montré la voie en avant vers l'action politique ouvrière indépendante.
19 $ US. Aussi en anglais, espagnol, farsi et grec.

Le long hiver chaud du capitalisme a commencé

Jack Barnes

Dans cet article publié alors que les nuages orageux de la crise financière de 2008 prenaient forme, Jack Barnes explique que la crise capitaliste mondiale d'aujourd'hui n'est que le début de décennies de convulsions économiques, financières et sociales et de combats de classe. Les travailleurs qui ont une conscience de classe, écrit-il, affrontent ce tournant historique pour l'impérialisme avec confiance et tirent satisfaction à projeter avec audace un cours révolutionnaire pour prendre le pouvoir. Dans *Nouvelle Internationale* n° 7.
16 $ US. Aussi en anglais, arabe, espagnol, farsi et grec.

« Ce sont les pauvres qui sont confrontés à la sauvagerie du système de « justice » US »

Les Cinq Cubains parlent de leur vie au sein de la classe ouvrière aux États-Unis

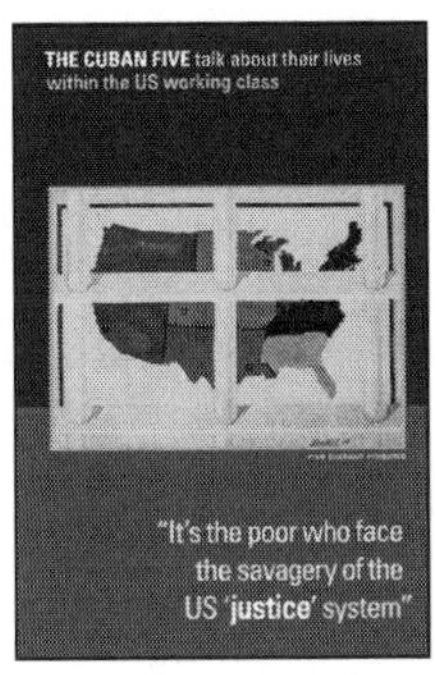

De la police aux tribunaux, des prisons à la libération conditionnelle : comment le système de « justice » des États-Unis fonctionne comme « une énorme machine pour briser les gens. » Cinq révolutionnaires cubains — victimes d'un coup monté par le gouvernement US et incarcérés durant 16 ans, pris dans la spirale du système comme le sont sept millions de travailleurs aux États-Unis — s'appuient sur leur propre expérience pour expliquer la dévastation humaine provoquée par la « justice » capitaliste. Et ce qui rend le Cuba socialiste différent.
15 $ US. En anglais, espagnol et farsi.

De Pathfinder

Le Manifeste communiste
Karl Marx et Friedrich Engels

Le document fondateur du mouvement prolétarien moderne, publié en 1848. Il explique pourquoi le communisme ne découle pas de principes préconçus, mais de la ligne de marche de la classe ouvrière vers le pouvoir — issue « d'une lutte de classe existante, d'un mouvement historique qui s'opère sous nos yeux. »
5 $ US. Aussi en anglais, espagnol, farsi et arabe.

Nous sommes les héritiers des révolutions du monde
Discours de la révolution au Burkina Faso, 1983-1987
Thomas Sankara

En 1983, les paysans et les travailleurs de ce pays d'Afrique de l'Ouest ont établi un gouvernement révolutionnaire populaire et commencé à lutter contre la faim, l'analphabétisme et l'arriération économique imposés par la domination impérialiste, et contre l'oppression des femmes héritée de millénaires de société de classe. Cinq discours du dirigeant central de cette révolution.
10 $ US. Aussi en anglais, espagnol et farsi.

Cuba et Angola :
La guerre pour la liberté
Harry Villegas (« Pombo »)

L'histoire de la contribution exceptionnelle de Cuba à la lutte pour libérer l'Afrique du fléau de l'apartheid. Et comment, en le faisant, la révolution socialiste s'est renforcée à Cuba.
10 $ US. En anglais et en espagnol.

L'impérialisme U.S. a perdu la guerre froide

Jack Barnes

L'effondrement il y a un quart de siècle des régimes qui prétendaient être communistes en Europe de l'Est et en URSS n'a pas voulu dire que les travailleurs et les agriculteurs de ces pays y avaient été écrasés. Dans les conflits et les guerres intercapitalistes qui s'aiguisent aujourd'hui, ces travailleurs deviennent un obstacle insurmontable au progrès du capitalisme et acquièrent une expérience de direction en luttant. Dans *Nouvelle Internationale* n° 6.
16 $ US. Aussi en anglais, espagnol, farsi et grec.

La révolution trahie

Qu'est-ce que l'Union soviétique et où va-t-elle ?

Léon Trotsky

En 1917, la classe ouvrière et les paysans de Russie sont la force motrice d'une des plus profondes révolutions de l'histoire. Mais en dix ans se consolide une contre-révolution menée par une couche sociale privilégiée et dont le principal porte-parole est Joseph Staline. L'étude classique de l'État ouvrier soviétique et de la dégénérescence de la révolution.
20 $ US. En anglais, espagnol, farsi et grec.

Le dernier combat de Lénine

Écrits et discours, 1922-1923

V. I. Lénine

En 1922 et 1923, V. I. Lénine, le dirigeant central de la première révolution socialiste dans le monde, a livré ce qui allait être son dernier combat politique. Ce qui était en jeu, c'était de maintenir le cours prolétarien de la révolution, et du mouvement international qu'elle dirigeait, qui avait porté les travailleurs et les paysans au pouvoir en octobre 1917 en Russie.
20 $ US. En anglais, espagnol et grec.

Malcolm X parle aux jeunes

« La jeune génération de blancs, de Noirs, de bruns, de n'importe quelle couleur — vous vivez une époque de révolution, » affirme Malcolm X à des jeunes du Royaume-Uni en décembre 1964. « Quant à moi, je me joindrai à n'importe qui, je me fiche de votre couleur, du moment que vous voulez changer la condition misérable qui existe sur cette terre. » Quatre discours et une entrevue donnés dans les derniers mois de sa vie. 15 $ US. Aussi en anglais, espagnol, farsi et grec.

Porto Rico : l'indépendance est une nécessité
Rafael Cancel Miranda

L'un des cinq nationalistes portoricains emprisonnés par Washington pendant plus de 25 ans parle de la réalité brutale de la domination coloniale américaine, de la campagne pour libérer les prisonniers politiques portoricains, de l'exemple de la révolution socialiste à Cuba et de la lutte continue pour l'indépendance. 6 $ US. En anglais, espagnol et farsi.

Le deuxième assassinat de Maurice Bishop
Steve Clark

Cet article décrit les réalisations de la révolution qui a eu lieu de 1979 à 1983 dans l'île antillaise de la Grenade. Il explique les racines du coup d'État de 1983 qui a conduit à l'assassinat du dirigeant révolutionnaire Maurice Bishop et à la destruction du gouvernement des travailleurs et des agriculteurs par une faction politique stalinienne à l'intérieur du New Jewel Movement, le parti au pouvoir. Dans *Nouvelle Internationale* n° 3.
16 $ US. Aussi en anglais et en espagnol.

La révolution socialiste cubaine

Les Première et Deuxième déclarations de la Havane

Manifestes de la lutte révolutionnaire dans les Amériques adoptés par le peuple de Cuba

Nulle part, les questions de stratégie révolutionnaire auxquelles font face les hommes et les femmes qui sont aujourd'hui sur le front de la lutte dans les Amériques ne sont abordées avec plus de véracité et de clarté que dans ces mises en accusation sans compromis du pillage impérialiste et de « l'exploitation de l'homme par l'homme. » Deux documents adoptés par des assemblées réunissant des millions de Cubains en 1960 et 1962.

10 $ US. Aussi en anglais, arabe, espagnol, farsi et grec.

Le socialisme et l'homme à Cuba

Ernesto Che Guevara, Fidel Castro

« L'homme atteint réellement sa pleine condition humaine lorsqu'il produit sans la contrainte de la nécessité physique de se vendre comme marchandise. » *Ernesto Che Guevara, 1965.*

7 $ US. Aussi en anglais, espagnol, farsi et grec.

Les femmes à Cuba
Une révolution au sein de la révolution

Vilma Espín, Asela De Los Santos, Yolanda Ferrer

La révolution sociale qui a renversé en 1959 la dictature sanglante de Fulgencio Batista a commencé dans les rues de villes comme Santiago de Cuba et dans les zones montagneuses libérées par l'Armée rebelle dans l'est de Cuba. L'intégration sans précédent des femmes dans les rangs et la direction de cette lutte est une mesure de son cours révolutionnaire jusqu'à aujourd'hui. Voici les témoignages de première main de femmes qui ont contribué à sa réalisation.

20 $ US. En anglais, espagnol et grec.

PATHFINDER DANS LE MONDE

Pour obtenir une liste complète de nos titres ou en commander, visitez

www.pathfinderpress.com

LES DISTRIBUTEURS DES ÉDITIONS PATHFINDER

ÉTATS-UNIS

(et Amérique latine, Antilles et Asie de l'Est)

Pathfinder Books, 306 W. 37th St., 13e étage
New York, NY 10018

CANADA

Livres Pathfinder, 7107, rue St-Denis, suite 204
Montréal, QC, H2S 2S5

ROYAUME-UNI

(et Europe, Afrique, Moyen-Orient et Asie du Sud)

Pathfinder Books, 2e étage, 83 Kingsland High Street
Dalston, Londres, E8 2PB

AUSTRALIE

(et Asie du Sud-Est et Pacifique)

Pathfinder, niveau 1, 3/281-287 Beamish St., Campsie, NSW 2194
Adresse postale : P.O. Box 164, Campsie, NSW 2194

NOUVELLE-ZÉLANDE

Pathfinder, 188a Onehunga Mall, Onehunga, Auckland 1061
Adresse postale : P.O. Box 3025, Auckland 1140

Adhérez au club des lecteurs de Pathfinder
et obtenez un rabais de
15 pour cent sur tous
les titres de Pathfinder
et de plus grands rabais sur les offres spéciales.
Contactez www.pathfinderpress.com
ou les distributeurs qui précèdent.